21世纪高等学校数字媒体专业系列教材

多媒体CAI课件制作与项目实战

微课视频版

蔡永华 / 主编

傅冬颖 尚宇辉 陈日升 / 副主编

清华大学出版社
北京

内容简介

本书以岗位能力需求为导向,注重应用能力的培养,打破了传统教材的知识体系,采用"模块划分、项目引领、任务驱动"的方式进行编写,提高学习者的多媒体课件设计与制作基本操作能力,突出应用性和实践性。本书是为应用型本、专科及职业教育教学编写的一本多媒体课件设计与制作教材,按照岗位需求、课件类型不同设置不同的模块,每个模块首先给出本模块的知识树,并设置多个实际项目,每个项目均给出项目名称、项目描述、项目目标、项目任务和项目实施等,将任务序列化,每项任务均给出详细的操作步骤,使读者在完成各任务过程中学习知识,建构概念,掌握操作技能,培养多媒体信息素养。所有项目的知识点串起来保证理论体系的完整性,实践过程保证实践能力体系的连续性。本书以多媒体素材获取与处理,演示型、交互型、动画型和网页型多媒体课件,以及特定学科教学平台和微课设计与制作为主要教学内容,理论联系实际,满足多媒体课件设计与制作课程的授课任务,提高读者的实战经验和操作技能,真正实现"教""学""做"一体化。

本书适合作为应用型本科院校及大中专院校的教材,也适合作为多媒体课件设计与制作者的培训教材或自学用书。

本书封面贴有清华大学出版社防伪标签,无标签者不得销售。
版权所有,侵权必究。举报:010-62782989,beiqinquan@tup.tsinghua.edu.cn。

图书在版编目(CIP)数据

多媒体 CAI 课件制作与项目实战:微课视频版/蔡永华主编.—北京:清华大学出版社,2022.6
21 世纪高等学校数字媒体专业系列教材
ISBN 978-7-302-60338-2

Ⅰ.①多… Ⅱ.①蔡… Ⅲ.①多媒体课件－制作－软件工具－高等学校－教材 Ⅳ.①G434

中国版本图书馆 CIP 数据核字(2022)第 043667 号

责任编辑:	薛　阳　安　妮
封面设计:	刘　键
责任校对:	徐俊伟
责任印制:	朱雨萌

出版发行:清华大学出版社
网　　址: http://www.tup.com.cn, http://www.wqbook.com
地　　址: 北京清华大学学研大厦 A 座　　邮　编: 100084
社 总 机: 010-83470000　　邮　购: 010-62786544
投稿与读者服务: 010-62776969, c-service@tup.tsinghua.edu.cn
质量反馈: 010-62772015, zhiliang@tup.tsinghua.edu.cn
课件下载: http://www.tup.com.cn,010-83470236

印 装 者: 三河市君旺印务有限公司
经　　销: 全国新华书店
开　　本: 185mm×260mm　　印　张: 17.25　　字　数: 429 千字
版　　次: 2022 年 6 月第 1 版　　印　次: 2022 年 6 月第 1 次印刷
印　　数: 1～1500
定　　价: 59.00 元

产品编号: 088551-01

前　言

随着教学手段科技化、教育传播信息化和教学方式现代化，为了提高教学水平、教学质量和教学效率，培养学生综合素质，广大教师和学生迫切需要掌握多媒体课件制作技术。计算机辅助教学(CAI)是一种将文本、图形、图像、动画、声音和视频等多种媒体信息进行综合处理后，实现双向交流的教学方式。这种方式直观、形象，而且能充分调动学生学习的自主性，大大提高教学效率。随着素质教育的深入，多媒体课件在教学中的作用日益明显，也获得了广泛应用，成为广大教育工作者改革教学方法、改进教学手段、提高教学质量的突破口。

全书从实用、易用出发，强调实际操作，面向教学、选材新颖、图文并茂、版面活泼。本书以岗位能力需求为导向，注重应用能力的培养，打破了传统教材的知识体系，采用"模块划分、项目引领、任务驱动"的方式进行编写，提高学习者的多媒体课件设计与制作基本操作能力，突出应用性和实践性。本书是为应用型本、专科及职业教育教学编写的一本多媒体课件设计与制作教材，按照岗位需求、课件类型不同设置不同的模块，每个模块首先给出本模块的知识树，并设置多个实际项目，每个项目均给出项目名称、项目描述、项目目标、项目任务和项目实施等，将任务序列化，每项任务均给出详细的操作步骤，使读者在完成各任务中学习知识、建构概念、掌握操作技能，培养多媒体信息素养。所有项目的知识点串起来保证了理论体系的完整性，实践过程保证了实践能力体系的连续性，真正实现"教""学""做"一体化。

全书共分为7个模块，分别为多媒体素材的获取与处理、演示型多媒体课件的设计与制作、交互型多媒体课件的设计与制作、动画型多媒体课件的设计与制作、网页型多媒体课件的设计与制作、特定学科教学平台和微课设计与制作。本书适合作为应用型本科院校及大中专院校的教材，也适合作为多媒体课件设计与制作者的培训教材或自学用书。

本书的编写大纲、统稿和审稿工作由蔡永华完成。模块一~模块三由蔡永华编写，模块四由尚宇辉编写，模块五由傅冬颖编写，模块六和模块七由陈日升编写。参加本书编写工作的人员还有纪佳琪、王曼、张颖、蔡佳琳、裴继伟、霍树尊等。在编写过程中，得到了许多高校专家、学者的关心和支持，书中素描画由蔡佳琳提供，演示型多媒体课件由李芙莹提供，在此向他们表示由衷的感谢。

本书配有项目实训素材，使用者可通过扫描封底的"课件下载"二维码，在公众号"书圈"下载。

本书配套视频请先扫描封底刮刮卡中的二维码，再扫描书中对应位置二维码观看。

本教材为"河北民族师范学院2021年度优质实训课程项目"(项目编号：202111)配套教材。

由于时间仓促，加之编者水平有限，书中难免有不足或疏漏，恳请读者不吝指正。

编　者
2022年5月

目 录

模块一　多媒体素材的获取与处理 ……………………………………………… 1

项目1.1　文本素材的获取与处理 ………………………………………………… 1
　　任务1　学习文本素材的文件格式 ………………………………………… 2
　　任务2　学习文本素材的获取方法 ………………………………………… 2
　　任务3　学习文本素材的处理软件 ………………………………………… 5

项目1.2　图形图像素材的获取与处理 …………………………………………… 6
　　任务1　学习图形图像素材的类型和格式 ………………………………… 6
　　任务2　学习图形图像素材的获取方法 …………………………………… 8
　　任务3　学习图形图像素材的处理方法 …………………………………… 11

项目1.3　音频素材的获取与处理 ………………………………………………… 22
　　任务1　学习音频素材的文件格式 ………………………………………… 23
　　任务2　学习音频素材的获取方法 ………………………………………… 23
　　任务3　学习音频素材的处理技术 ………………………………………… 25

项目1.4　视频素材的获取与处理 ………………………………………………… 34
　　任务1　学习视频素材的文件格式 ………………………………………… 34
　　任务2　学习视频素材的获取方法 ………………………………………… 35
　　任务3　学习视频素材的处理技术 ………………………………………… 36

项目1.5　动画素材的获取与处理 ………………………………………………… 46
　　任务1　学习动画素材的制作软件 ………………………………………… 46
　　任务2　学习动画素材的文件格式 ………………………………………… 47
　　任务3　学习动画素材的获取方法 ………………………………………… 47
　　任务4　学习动画素材的制作技术 ………………………………………… 48

模块二　演示型多媒体课件设计与制作 ………………………………………… 58

项目2.1　演示型多媒体课件的创建 ……………………………………………… 58
　　任务1　演示型多媒体课件的设计 ………………………………………… 59
　　任务2　演示型多媒体课件的模块设置 …………………………………… 60

项目2.2　演示型多媒体课件的编辑 ……………………………………………… 65
　　任务　演示型多媒体课件编辑操作 ………………………………………… 65

项目2.3　演示型多媒体课件动画效果的设置 …………………………………… 75
　　任务1　演示型多媒体课件页间切换动画效果的设置 …………………… 75
　　任务2　演示型多媒体课件页内动画效果的设置 ………………………… 75

项目 2.4　演示型多媒体课件的播放与打包 ·· 76
　　任务 1　演示型多媒体课件播放操作 ·· 77
　　任务 2　演示型多媒体课件打包操作 ·· 77

模块三　交互型多媒体课件设计与制作 ·· 79

项目 3.1　顺序运行方式多媒体课件的设计与制作 ·· 79
　　任务 1　Authorware 7.0 软件界面功能介绍 ·· 80
　　任务 2　顺序运行方式多媒体课件设计与制作 ·· 83
项目 3.2　动画展示类多媒体课件的设计与制作 ·· 89
　　任务 1　指向固定点的动画设计 ·· 89
　　任务 2　指向固定直线上的某点的动画设计 ·· 91
　　任务 3　指向固定区域内的某点的动画设计 ·· 94
　　任务 4　指向固定路径的终点的动画设计 ·· 96
　　任务 5　指向固定路径上的任意点的动画设计 ··· 103
项目 3.3　交互功能类多媒体课件的设计与制作 ··· 105
　　任务 1　交互结构介绍 ··· 106
　　任务 2　"按钮"交互设计 ··· 108
　　任务 3　"热区域"交互设计 ··· 113
　　任务 4　"热对象"交互设计 ··· 118
　　任务 5　"目标区"交互设计 ··· 121
　　任务 6　"下拉菜单"交互设计 ··· 125
　　任务 7　"文本输入"交互设计 ··· 128
　　任务 8　"重试限制"交互设计 ··· 129
　　任务 9　"时间限制"交互设计 ··· 130
　　任务 10　"条件"交互设计 ·· 131
　　任务 11　"按键"交互设计 ·· 134
　　任务 12　"事件"交互设计 ·· 136
项目 3.4　结构化交互型多媒体课件的设计与制作 ··· 138
　　任务 1　"判断"结构设计 ··· 138
　　任务 2　"框架"结构设计 ··· 140
项目 3.5　交互型多媒体课件的打包与发布 ·· 142
　　任务 1　打包 ··· 142
　　任务 2　一键发布 ··· 143

模块四　动画型多媒体课件设计与制作 ··· 144

项目 4.1　元件的设计 ··· 144
　　任务 1　制作"草丛"元件 ··· 145
　　任务 2　制作"鲜花"元件 ··· 149
　　任务 3　制作"蝴蝶"元件 ··· 152

项目 4.2　场景的设计 ……………………………………………………………… 155
　　　　任务 1　绘制蓝天 …………………………………………………………… 156
　　　　任务 2　绘制白云 …………………………………………………………… 160
　　　　任务 3　绘制太阳 …………………………………………………………… 160
　　项目 4.3　动画的设计 ……………………………………………………………… 163
　　　　任务 1　制作文字的动态效果 ……………………………………………… 164
　　　　任务 2　制作蝴蝶的动态效果 ……………………………………………… 167

模块五　网页型多媒体课件设计与制作 ……………………………………………… 172

　　项目 5.1　站点的基本结构设计 …………………………………………………… 172
　　　　任务 1　创建站点 …………………………………………………………… 173
　　　　任务 2　设计站点网页结构 ………………………………………………… 176
　　　　任务 3　搭建站点结构 ……………………………………………………… 177
　　项目 5.2　利用布局表格设计网页型课件 ………………………………………… 178
　　　　任务 1　绘制布局表格及布局单元格 ……………………………………… 179
　　　　任务 2　添加内容到单元格 ………………………………………………… 181
　　项目 5.3　利用框架布局设计网页型课件 ………………………………………… 182
　　　　任务 1　建立框架网页及内容 ……………………………………………… 185
　　　　任务 2　建立子网页及内容 ………………………………………………… 186
　　　　任务 3　建立链接关系 ……………………………………………………… 189
　　项目 5.4　超链接的设计 …………………………………………………………… 190
　　　　任务 1　创建图片热区链接 ………………………………………………… 191
　　　　任务 2　创建图片链接 ……………………………………………………… 192
　　　　任务 3　创建文本链接 ……………………………………………………… 193
　　　　任务 4　创建电子邮件链接 ………………………………………………… 193
　　　　任务 5　创建锚点链接 ……………………………………………………… 194
　　项目 5.5　行为的设计 ……………………………………………………………… 196
　　　　任务 1　制作基本页面 ……………………………………………………… 197
　　　　任务 2　制作弹出浏览器窗口 ……………………………………………… 198
　　　　任务 3　制作下拉菜单 ……………………………………………………… 199
　　　　任务 4　制作弹出式菜单 …………………………………………………… 199
　　　　任务 5　为网页添加背景音乐 ……………………………………………… 202
　　项目 5.6　表单的设计 ……………………………………………………………… 203
　　　　任务 1　插入表单 …………………………………………………………… 203
　　　　任务 2　在表单中插入内容 ………………………………………………… 205
　　　　任务 3　添加跳转菜单 ……………………………………………………… 209
　　项目 5.7　CSS 的设计 ……………………………………………………………… 212
　　　　任务 1　创建按钮的 CSS 样式 ……………………………………………… 213
　　　　任务 2　创建超链接文本的 CSS 样式 ……………………………………… 215

项目 5.8　模板的设计 …………………………………………………………… 218
　　任务 1　创建模板 …………………………………………………… 219
　　任务 2　制作与编辑模板页 ………………………………………… 220
　　任务 3　应用模板 …………………………………………………… 221
项目 5.9　库的设计 ………………………………………………………………… 223
　　任务 1　创建库项目 ………………………………………………… 223
　　任务 2　编辑库项目 ………………………………………………… 224
　　任务 3　应用库项目 ………………………………………………… 224

模块六　特定学科教学平台 …………………………………………………… 226

项目 6.1　几何画板 ………………………………………………………………… 226
　　任务 1　认识几何画板 ……………………………………………… 227
　　任务 2　利用几何画板绘制图形 …………………………………… 228
项目 6.2　虚拟仿真实验平台 ……………………………………………………… 237
　　任务 1　用 NOBOOK 做物理仿真实验 …………………………… 237
　　任务 2　用 NOBOOK 做化学仿真实验 …………………………… 241
　　任务 3　用 NOBOOK 做生物仿真实验 …………………………… 245

模块七　微课设计与制作 ………………………………………………………… 248

项目 7.1　利用 Focusky 软件制作微课 ………………………………………… 248
　　任务 1　认识 Focusky ……………………………………………… 249
　　任务 2　运用 Focusky 制作微课 …………………………………… 250
项目 7.2　利用录屏软件制作微课 ………………………………………………… 258
　　任务 1　利用"录屏大师"软件录制微课 …………………………… 258
　　任务 2　利用 QQ"屏幕录制"功能录制微课 ……………………… 260
项目 7.3　实录型微课制作 ………………………………………………………… 262
　　任务　利用拍摄设备制作微课 ……………………………………… 262

参考文献 …………………………………………………………………………… 264

模块一　多媒体素材的获取与处理

CAI多媒体课件是由文本、图形、图像、音频、视频和动画等多媒体素材中的一种或多种组成的有机整体。如果说CAI多媒体课件是工厂的产品,那么多媒体素材就是制造这个产品的原材料。多媒体素材是CAI多媒体课件制作的关键,准备充分与否决定着CAI多媒体课件的质量,多媒体素材的获取方法和处理技术直接影响着CAI多媒体课件的优劣。本模块通过文本素材的获取与处理、图形图像素材的获取与处理、音频素材的获取与处理、视频素材的获取与处理和动画素材的获取与处理5个项目,介绍多媒体素材的获取方法与处理技术。

知识树

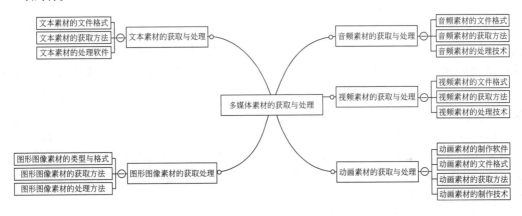

项目1.1　文本素材的获取与处理

项目描述

　　文本是CAI多媒体课件中最主要的素材之一,也是现实生活中使用最多的一种信息存储和传递方式,文本是文字、字母、数字和各种功能符号的集合,如各种科学原理、概念、计算公式、命题、说明等内容,都需要用文本来进行描述和表达。在多媒体应用系统中,虽然有图形、图像、声音、视频影像等多种媒体形式,但对于一些复杂而抽象的事件,文本表达却有它不可替代的独到之处。对于文本素材的获取和处理尤为重要,本项目将通过文本素材的文件格式、获取方法和处理软件三个任务的学习与实践,帮助读者掌握文本素材的获取方法和处理技术。

- 掌握文本素材的文件格式。
- 掌握文本素材的获取方法。
- 掌握文本素材的处理软件。

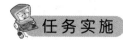

任务1 学习文本素材的文件格式

目前流行的文本处理软件种类繁多,不同的文本处理软件生成的文本文件格式也各不相同。通常文本处理软件会采用默认的文本文件格式进行保存,当然也支持其他文本文件格式,但兼容性有所不同。目前比较流行的文本文件格式主要有 DOCX(DOC)、RTF、TXT、WPS、PDF 和 CAJ 等。

(1) DOCX(DOC)格式:是 Microsoft Word 字处理软件所使用的默认文件格式,其中包含不同的字符格式和段落格式。

(2) RTF(Rich Text Format,富文本格式):是 Windows 系统下"写字板"字处理软件使用的默认文件格式,是一种可以包含文字、图片和超文本等的文档,可用于各种文字处理软件之间的文本交换。Microsoft Word 2010 可以将文档保存为 RTF。多媒体集成软件 Authorware 6.0/7.0 可以直接对 RTF 文件进行编辑,并且可以通过 RTF 知识对象进行使用。

(3) TXT 格式:是纯文本文件,是用纯 ASCII 码表示的文件,除了"换行"和"回车"外,不包含任何有关文字字体、字号、颜色和位置等格式化信息。Windows 系统的"记事本"就是支持 TXT 文本编辑和存储的文字工具软件。所有文字编辑软件和多媒体集成软件均可直接使用 TXT 文件。

(4) WPS 格式:是金山中文字处理软件格式,其中包含特有的换行和排版信息,通常只在 WPS 编辑软件中使用。通过 WPS 软件编辑的文档,利用 Microsoft Word 软件打开时,格式通常会有所变化。

(5) PDF(Portable Document Format,可携带文档格式):是由 Adobe System 用于与应用程序、操作系统、硬件无关的方式进行文件交换所发展的文件格式。PDF 可以将字符(包含字体、字号、颜色、字形等格式)及独立于设备和分辨率的图形图像等封装在一个文件中。该格式文件还可以包含超文本链接、声音和动态影像等电子信息,支持特长文件,集成度和安全可靠性都较高。可以用 Adobe Acrobat Reader、Foxit Reader、百度阅读器、See9 PDF Reader、Sumatra PDF 等阅读。

(6) CAJ(China Academic Journals,中国学术期刊)格式:可以使用 CAJViewer 全文浏览器进行阅读。

任务2 学习文本素材的获取方法

文本素材的获取方法主要有键盘编码输入、自然获取和互联网上下载或复制等。

1. 键盘编码输入文本

键盘编码输入是根据一定的编码方法,由人借助键盘将字符或汉字输入到计算机的方法。这是最早采用的文本输入方法,也是现代计算机进行文本输入的最普遍的方式。主要包含以下两种方式。

(1) 字符的输入。字符包括大小写英文字母、数字和标点符号等,可以通过键盘直接输入。

(2) 汉字的输入。汉字的输入必须对汉字进行编码。编码方式目前比较流行的主要有"音码"和"型码"两种。"音码"输入法现在较流行的是"搜狗输入法","型码"输入法现在较流行的是"五笔字型输入法"。

如果想提高键盘编码输入速度,则要求用户熟练掌握键盘指法和"音码""型码"的编码规则,随着科技的进步,文本输入新技术目前正向着自然获取的方向发展。

2. 自然获取文本

自然获取是指通过文字识别系统、语音识别系统和联机手写识别,实现文本的输入。

1) 文字识别系统输入文本

(1) OCR(Optical Character Recognition,光学字符识别)文字识别系统输入文本。OCR是通过扫描、摄像、截图等方式获取纸张上或显示设备上的文本图像信息,利用各种模式识别算法分析文字形态特征,可以将票据、报刊、书籍、文稿及其他印刷品显示信息转换为图像信息,再利用OCR软件将图像信息转换为计算机可以使用的文本。OCR软件种类比较多,清华TH-OCR、汉王OCR、尚书OCR、蒙恬识别王、丹青中英文辨识软件等都具有较高的声誉。

(2) 微信或QQ直接提取图片中的文本。在手机端,可以通过微信或QQ直接提取图片中的文本。首先将手机中的QQ或微信升级到最新版本,在好友列表中任意选择一个好友,打开好友对话框,发送需要识别的图片文件,单击刚刚发送的图片使它成为放大状态,长按放大的图片,会弹出一个管理菜单,选择菜单中的"提取文字"命令,稍后就可以看到识别出的文字信息,之后就可以选择这些文字,发送到计算机中进行编辑。在计算机端,可以通过QQ直接提取图片中的文本。在QQ好友列表中任意选择一个好友,打开好友对话框,发送需要识别的图片文件,右击该图片,会弹出一个快捷菜单,选择菜单中的"提取图中文字"命令,稍后就可以看到识别出的文字信息并进行编辑。

实例1:提取河北民族师范学院数学与计算机科学学院网站中的"学院简介"文本信息。

该"学院简介"在网站中无法直接复制文本,可以通过截图后,利用QQ或微信提取该图片中的文本。下面以利用计算机端QQ提取图中文本为例说明操作步骤。

(1) 打开河北民族师范学院数学与计算机科学学院网站,找到"学院简介"页面,通过QQ进行截图,"学院简介"页面图片如图1-1所示。

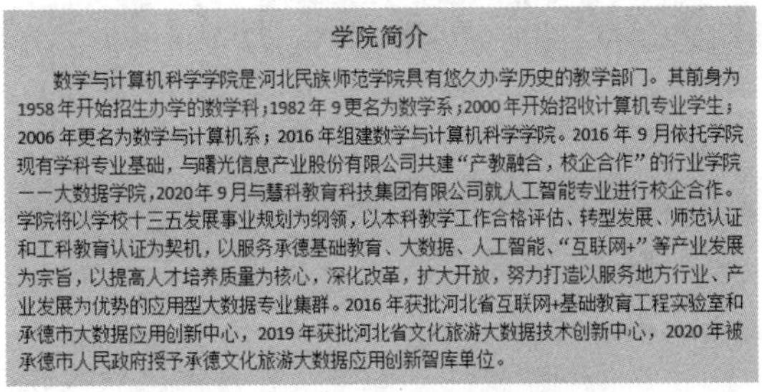
学院简介

数学与计算机科学学院是河北民族师范学院具有悠久办学历史的教学部门。其前身为1958年开始招生办学的数学科;1982年9更名为数学系;2000年开始招收计算机专业学生;2006年更名为数学与计算机系;2016年组建数学与计算机科学学院。2016年9月依托学院现有学科专业基础,与曙光信息产业股份有限公司共建"产教融合,校企合作"的行业学院——大数据学院,2020年9月与慧科教育科技集团有限公司就人工智能专业进行校企合作。学院将以学校十三五发展事业规划为纲领,以本科教学工作合格评估、转型发展、师范认证和工科教育认证为契机,以服务承德基础教育、大数据、人工智能、"互联网+"等产业发展为宗旨,以提高人才培养质量为核心,深化改革,扩大开放,努力打造以服务地方行业、产业发展为优势的应用型大数据专业集群。2016年获批河北省互联网+基础教育工程实验室和承德市大数据应用创新中心,2019年获批河北省文化旅游大数据技术创新中心,2020年被承德市人民政府授予承德文化旅游大数据应用创新智库单位。

图1-1 "学院简介"页面图片

(2) 在 QQ 好友列表中找到"我的 Android 手机"好友,打开其对话框,发送"学院简介"页面图片,如图 1-2 所示。

(3) 右击该图片,会弹出一个快捷菜单,如图 1-3 所示。

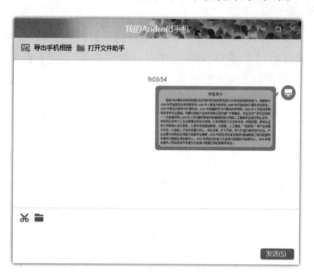

图 1-2　发送"学院简介"页面图片对话框　　　　图 1-3　快捷菜单

(4) 选择菜单中的"提取图中文字"命令,稍后就可以看到识别出的文字信息,"屏幕识图"窗口如图 1-4 所示。

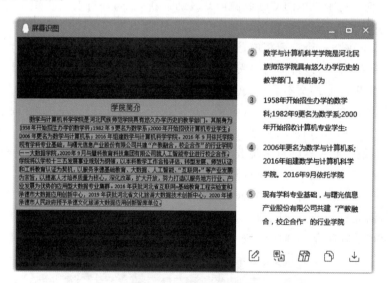

图 1-4　"屏幕识图"窗口

(5) 单击"屏幕识图"窗口右下角的"复制"按钮,可以将图中提取的文字暂存到剪贴板,再粘贴到多媒体课件中进行进一步编辑。

2) 语音识别系统输入文本

语音识别系统输入文本是将声音通过麦克风输入计算机后直接转换成文字的一种输入

方法。语音识别技术也称为自动语音识别（Automatic Speech Recognition，ASR），其目标是将人类语音中的词汇内容转换为计算机可读的输入，计算机迅速、自然地把读入的声音信息转换成文本。语音识别输入在硬件方面要求计算机必须配备能正常录音的声卡和录音设备，安装语音识别软件。在调试好麦克风后，即可以对着麦克风进行朗读录入。如果普通话不标准，可用语音识别软件提供的语音训练程序，进行一段时间训练后，进行录入。目前，语音识别技术整合较好的软件有 IBM 公司的 VIA Voice，国内推出的 Dutty++语音识别系统、天信语音识别系统、世音通语音识别系统等也被广泛使用。

3）联机手写识别输入文本

联机手写识别输入是一种用特制的感应书写笔，在与计算机接口相连的手写板上书写文字完成文本输入的方法。其优点是不用进行专门训练，即写即得，其识别率与书写工整程度相关，录入速度取决于书写速度。联机手写识别输入实际上是在 OCR 基础上发展的文本录入方法。

3. 互联网上下载或复制文本

随着互联网技术的迅速发展，网上的信息资源越来越丰富，在设计制作多媒体课件时，需要的文本素材可以直接到网上下载或复制。

实例 2：在设计制作"中国数学家"多媒体课件时，需要用到下面一段文字，根据该文本资源所在介质不同，采取不同的获取方法。

华罗庚(1910 年 11 月 12 日—1985 年 6 月 12 日)，原全国政协副主席，出生于江苏常州金坛区，祖籍江苏丹阳，数学家，中国科学院院士，美国国家科学院外籍院士，第三世界科学院院士，联邦德国巴伐利亚科学院院士，中国科学院数学研究所研究员、原所长。

(1) 该文本素材在纸质介质上，有以下 4 种获取方法。

① 键盘直接输入。这种方法操作简单、直接，但费时费力，效率较低。

② OCR 文字识别输入。可以通过扫描仪扫描、数码相机拍照该纸质文档，得到含有该文本的图片文件，利用 OCR 软件将图像中的文字识别出来。

③ 语音识别输入。在计算机上配备正常录音设备，并安装语音识别软件的前提下，对着麦克风进行朗读录入。

④ 联机手写识别输入。

(2) 该文本素材在互联网网页上，有以下两种获取方法。

① 直接下载或复制。

② 对网页内容进行截图，通过 QQ 软件的"提取图中文字"功能实现文本的获取。

任务 3　学习文本素材的处理软件

获取的文本，需要经过编辑和排版处理后，才能作为 CAI 多媒体课件的文本素材使用。文本处理软件种类较多，各具特色，下面主要介绍常用的文本处理软件 Microsoft Word 和 WPS。

1. Microsoft Word

Microsoft Word 是微软公司的一款文字处理软件，是 Microsoft Office 的重要组件，它提供了良好的图形用户操作界面，具有强大的编辑排版功能，可以保存的文件类型主要有 DOCX、DOC、RTF、TXT、PDF 等。

2. WPS

WPS Office 是由金山软件股份有限公司自主研发的一款办公软件套装,可以实现办公软件最常用的文字、表格、演示、PDF 阅读等多种功能,文字可以保存的文件类型主要有 DOCX、DOC、WPS、PDF 等。

 **项目小结**

本项目通过 3 个任务学习了文本素材的文件格式、文本素材的获取方法和文本素材的处理软件,为制作多媒体课件打下文本素材获取和处理基础。

项目 1.2　图形图像素材的获取与处理

 **项目描述**

图形、图像是制作 CAI 多媒体课件必不可少的素材,如背景、人物、界面、按钮等,而且图形、图像是学习者非常容易接受的信息,一幅图可以胜过千言万语,能形象、生动、直观地表现出大量的内容,帮助学习者理解知识,比枯燥的文字更能吸引读者。图形、图像素材的优劣直接关系到 CAI 多媒体课件质量的优劣,所以图形、图像素材的获取方法和处理技术极其关键,本项目将通过图形图像素材的类型和格式、获取方法与处理技术三个任务的学习与实践,帮助读者掌握图形图像素材的获取与处理方法。

 **项目目标**

- 掌握图形图像素材的类型和格式。
- 掌握图形图像素材的获取方法。
- 掌握图形图像素材的处理方法。

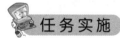 **任务实施**

任务 1　学习图形图像素材的类型和格式

1. 图形图像素材的类型

图形图像根据其记录和保存方式的不同,可分为矢量图和位图。计算机图形学中,一般把矢量图称为图形(分为二维图形和三维图形),把位图称为图像(分为静态图像和动态图像);但在制作 CAI 多媒体课件时,可以笼统地把位图认为是静态图像,把动态图像归到视频或动画中。静态图像又分为二维图像和三维图像;动态图像又分为视频影像和动画,动画分为二维动画和三维动画。图形图像分类如图 1-5 所示。

矢量图是使用直线和曲线来描述的图形,由一些点、线、矩形、多边形、圆和弧线等构成图形,是通过数学公式计算获得的,具有编辑后不失真的特点。矢量图形的优点是无论放大、缩小或旋转等不会失真,缺点是难以表现色彩层次丰富的逼真图像效果。它常用于图案、标志、VI、文字等设计。常用软件主要有 CorelDraw、Illustrator、Freehand、XARA、AutoCAD 等。鲸鱼矢量图如图 1-6 所示。

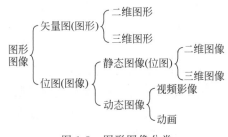

图 1-5　图形图像分类

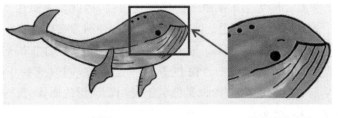

(a) 原图　　　　　　　　(b) 局部放大图

图 1-6　鲸鱼矢量图

位图也称为点阵图或栅格图,是由像素点组成的。这些像素点可以进行不同的排列和染色以构成图样。用数码相机拍摄的照片、扫描仪扫描的图片以及计算机截屏图等都属于位图。位图的特点是可以表现色彩的变化和颜色的细微过渡,产生逼真的效果;缺点是在保存时需要记录每一个像素的位置和颜色值,占用较大的存储空间,放大时会产生失真现象。常用的位图处理软件主要是 Photoshop、Painter 和 Windows 系统自带的画图工具等。某素描位图如图 1-7 所示。

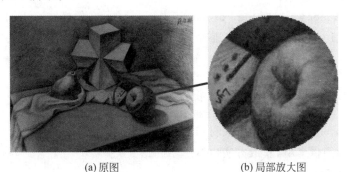

(a) 原图　　　　　　　　(b) 局部放大图

图 1-7　某素描位图

2. 图形图像素材的格式

目前比较流行的图形图像文件格式主要有 BMP、GIF、JPEG、TIFF、PSD、PNG 和 WMF 等。

(1) BMP(Bitmap,位图)格式:它是 Windows 操作系统中的标准图像文件格式,能够被多种 Windows 应用程序所支持。特点是包含的图像信息较丰富,几乎不进行压缩,占用磁盘空间过大。

(2) GIF(Graphics Interchange Format,图形交换格式):它的特点是压缩比高,磁盘空

间占用较少。可以同时存储若干幅静止图像进而形成连续的动画,目前 Internet 上大量采用的彩色动画文件多为这种格式的文件。还可以支持图像的透明背景。其缺点是不能存储超过 256 色的图像。

(3) JPEG(Joint Photographic Experts Group,联合照片专家组)格式:文件的扩展名为.jpg 或.jpeg,采用的是较先进的压缩算法。这种算法在对数字图像进行压缩时,可以保持较好的图像保真度和较高的压缩比。这种格式的最大特点是文件非常小,用户可以根据自己的需要选择 JPEG 文件的压缩比,当压缩比为 16:1 时,获得压缩图像效果几乎与原图像难以区分;当压缩比达到 48:1 时,仍可以保持较好的图像效果,仔细观察图像的边缘可以看出不太明显的失真。因为 JPEG 图像的压缩比很高,因此非常适用于要处理大量图像的场合。JPEG 图像格式是目前应用范围非常广泛的一种图像文件格式。

(4) TIFF(Tag Image File Format,标记图像文件格式):文件扩展名为.tif 或.tiff,支持 256 色、24 位真彩色、32 位色和 48 位色等多种色彩位,同时支持 RGB、CMYK 以及 YCbCr 等多种色彩模式,支持多平台,也是微机上使用最广泛的图像文件格式之一。

(5) PSD 格式:这是著名的 Adobe 公司的图像处理软件 Photoshop 的专用格式。PSD 其实是 Photoshop 进行平面设计的一张"草稿图",它里面包含各种图层、通道、遮罩等多种设计的样稿,以便于下次打开文件时可以修改上一次的设计。图像文件较大,不适合在课件中直接使用,需要对文件格式进行转换后,才可使用。

(6) PNG(Portable Network Graphics,便携式网络图形)格式:汲取了 GIF 和 JPG 二者的优点,存储形式丰富,兼有 GIF 和 JPG 的色彩模式;能把图像文件压缩到极限以利于网络传输,但又能保留所有与图像品质有关的信息;显示速度很快,只需要下载 1/64 的图像信息就可以显示出低分辨率的预览图像;同样支持透明背景图像的制作,可使图像和网页背景很和谐地融合在一起。

(7) WMF(Windows Metafile Format,Windows 图元文件格式):属于矢量文件格式。它具有文件短小、图案造型化的特点,整个图形常由各个独立的组成部分拼接而成,往往较粗糙。

任务 2　学习图形图像素材的获取方法

图形图像素材主要有网络图像素材、计算机屏幕上显示的图像和印刷品、照片、实物图像等,不同来源的图像素材,获取方法也有所不同。

1. 网络图像素材

针对网络上图库、资源站等提供的图像素材,利用搜索引擎提供的"图片搜索"功能搜索图片,找到适合的图片,下载或保存该图片。

2. 计算机屏幕上显示的图像

针对计算机屏幕上显示的图像,利用屏幕抓图快捷键或专用抓图工具软件获取屏幕上的图片、页面、窗口或操作界面等。

3. 印刷品、照片、实物图像

针对印刷品、照片、实物图像,可以利用数码相机、摄像机、手机等工具进行实物拍摄,利用扫描仪扫描照片或印刷品。

实例 1：获取计算机整个桌面图像。

操作步骤如下。

(1) 按 PrtScreen 键，将整个桌面图像暂存到剪贴板。

(2) 打开"画图"、Photoshop、其他图像处理软件或需要用到该图像的软件（如 Word、PowerPoint、Authorware、Flash、Dreamweaver 等）。

(3) 按 Ctrl+V 组合键或单击"粘贴"按钮进行粘贴即可。

整个桌面屏幕图像如图 1-8 所示。

图 1-8　整个桌面屏幕图像

实例 2：获取计算机活动窗口图像。

操作步骤如下。

(1) 打开"素描图像.jpg"文件，其活动窗口如图 1-9 所示。

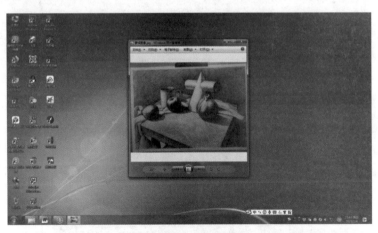

图 1-9　素描图像活动窗口

(2) 按 Alt+PrtScreen 组合键，将该活动窗口图像暂存到剪贴板。

(3) 打开"画图"、Photoshop、其他图像处理软件或需要用到该图像的软件（如 Word、PowerPoint、Authorware、Flash、Dreamweaver 等）。

(4) 按 Ctrl+V 组合键或单击"粘贴"按钮进行粘贴即可。

获取的素描图像活动窗口图像如图 1-10 所示。

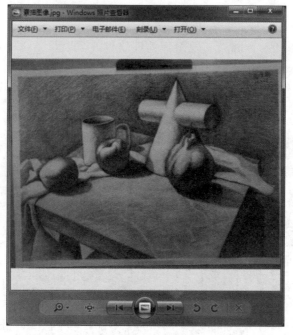

图 1-10　获取的素描图像活动窗口图像

视频讲解

实例 3：获取图像的部分内容。
1. 获取现成图像文件中的部分内容
操作步骤如下。
（1）将实例 2 获取的图像粘贴到 Word 2010 编辑区。
（2）双击该图像，打开"图片工具"→"格式"选项卡。
（3）选择"裁剪"工具，对图像进行裁剪，获取的部分图像内容如图 1-11 所示。

图 1-11　获取合适的部分图像内容

2. 获取计算机中图像的部分内容
操作步骤如下。
（1）打开素描图像活动窗口，如图 1-9 所示。

（2）利用 QQ 的屏幕截图组合键 Ctrl＋Alt＋A 或微信的截图组合键 Alt＋A 或单击两款软件的截图按钮进行截图，弹出截图工具选项栏如图 1-12 所示。

(a) QQ截图工具选项栏

(b) 微信截图工具选项栏

图 1-12　截图工具选项栏

（3）单击√按钮完成确认，获取图像的部分内容如图 1-11 所示。

任务 3　学习图形图像素材的处理方法

获取的图形图像素材需要经过处理，才能作为 CAI 多媒体课件的图形图像素材使用。图形图像处理软件种类较多，功能各有不同，下面介绍主要的 4 种。

1．Photoshop CS6

Photoshop CS6 中文版是 Adobe 公司旗下最为出名的图像处理软件之一，它集图像扫描、编辑修改、图像制作、广告创意、图像输入与输出于一体，深受广大平面设计人员和计算机美术爱好者的喜爱。Photoshop CS6 中文版工作界面如图 1-13 所示。

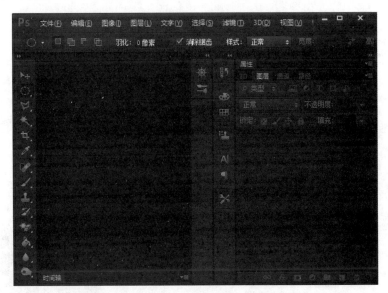

图 1-13　Photoshop CS6 中文版工作界面

2．画图

画图是一个简单的图像绘画程序，是微软 Windows 操作系统的预装软件之一。画图程序是一个位图编辑器，可以对各种位图格式的图画进行编辑，用户可以自己绘制图画，也可以对扫描的图片进行编辑修改，在编辑完成后，可以保存为 BMP、JPG、GIF 等格式，用户还可以将图画发送到桌面或其他文档中。画图程序工作界面如图 1-14 所示。

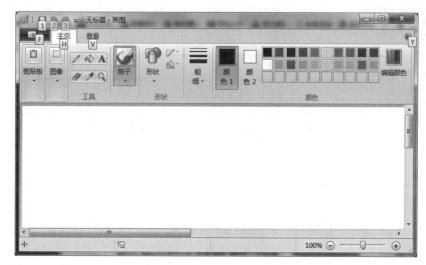

图 1-14　画图程序工作界面

3. Fireworks

它是由 Macromedia(2005 年被 Adobe 收购)推出的一款网页做图软件,可以加速 Web 设计与开发,是一款创建与优化 Web 图像和快速构建网站与 Web 界面原型的理想工具。Fireworks 不仅具备编辑矢量图形与位图图像的灵活性,还提供了一个预先构建资源的公用库。Fireworks 工作界面如图 1-15 所示。

图 1-15　Fireworks 工作界面

4. ACDSee

ACDSee 是 ACD Systems 开发的一款数字资产管理、图片管理编辑工具软件，它提供良好的操作界面、简单人性化的操作方式和优质的快速图形解码方式，支持丰富的 RAW 格式和强大的图形文件管理功能。ACDSee 工作界面如图 1-16 所示。

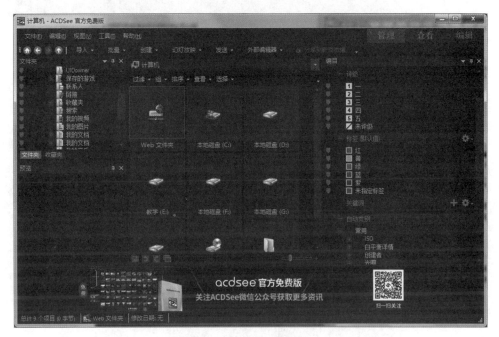

图 1-16　ACDSee 工作界面

下面主要通过实例介绍利用 Photoshop CS6 处理图形图像的方法。

实例 4：制作椭圆形图像。

操作步骤如下。

（1）打开"风景.jpg"文件，如图 1-17 所示。

图 1-17　风景.jpg

视频讲解

(2) 选择"椭圆选框工具",羽化值设置为 20,制作椭圆形选区如图 1-18 所示。

图 1-18　椭圆形选区

(3) 按 Ctrl+C 组合键或单击"复制"按钮,将选区内容暂存到剪贴板。
(4) 新建一个透明背景文件,按 Ctrl+V 组合键或单击"粘贴"按钮,效果如图 1-19 所示。

图 1-19　效果图

(5) 保存文件为"椭圆形图像.jpg",如图 1-20 所示。

图 1-20　椭圆形图像.jpg

实例 5：将"博美和坐垫"从图中抠出与另一图片组合。

操作步骤如下。

（1）打开"博美.jpg"文件，如图 1-21 所示。

（2）利用"磁性套索工具"选取"博美和坐垫"为选区，如图 1-22 所示。发现博美头部的毛没有很好地被选取。

图 1-21　博美.jpg

图 1-22　博美图像选区

（3）单击"调整边缘"按钮，弹出"调整边缘"对话框，如图 1-23 所示。"视图模式"中"视图"选择"黑底"，其他选项默认。在"博美和坐垫"边缘涂抹，直到认为"博美和坐垫"选取合适为止，调整边缘效果如图 1-24 所示。

图 1-23　"调整边缘"对话框

图 1-24　调整边缘效果

（4）单击"确定"按钮，选区效果如图 1-25 所示。

（5）打开"鲜花.jpg"文件，如图 1-26 所示。

图 1-25　选区效果　　　　　　　　图 1-26　鲜花.jpg

(6) 将博美图像选区复制到鲜花图片中,并调整好大小和位置,"博美与鲜花"效果如图 1-27 所示。

(7) 发现"博美"与"鲜花"的光源方向不一致,将"博美"图层"水平翻转",得到最终效果如图 1-28 所示。

图 1-27　"博美与鲜花"效果图　　　　图 1-28　最终效果图

实例 6：制作移花接木效果图像。

操作步骤如下。

(1) 打开"马.jpg"文件，如图 1-29 所示。

图 1-29 马.jpg

(2) 利用"磁性套索""调整边缘"和"多边形套索"工具配合制作马头选区，如图 1-30 所示。

图 1-30 "马头"选区

(3) 打开"孔雀.jpg"文件，如图 1-31 所示。

(4) 将"马"选区内容复制到"孔雀"图片中，如图 1-32 所示。

(5) 移动马头图像，并进行自由变换、旋转等操作，调整马头的形状、大小和位置，最终效果如图 1-33 所示。

实例 7：利用"通道"选择特殊图像。

操作步骤如下。

(1) 打开"松树.jpg"文件，如图 1-34 所示。

图 1-31 孔雀.jpg

图 1-32 复制"马"选区内容

图 1-33 最终效果

（2）选择"通道"面板，如图 1-35 所示。

图 1-34　松树.jpg

图 1-35　"通道"面板

（3）观察"通道"面板中的各颜色通道效果，发现"蓝"通道的松树与其他部分差别最明显，因此，利用"蓝"通道选择松树的图像。右击"蓝"通道，在弹出的快捷菜单中选择"复制通道"命令，弹出"复制通道"对话框，如图 1-36 所示。

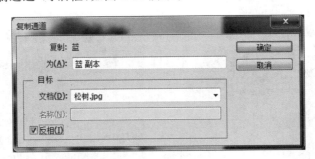

图 1-36　"复制通道"对话框

在"为"文本框中设置新复制的 Alpha 通道的名称。在"目标"项下的"文档"下拉列表中可以选择将当前通道复制到哪一个文档中，默认为当前文档。选中"反相"复选框，新复制的通道与原通道的明暗反相。

注意，利用 Alpha 通道制作选区时，白色区域是被选择的对象。若要选择的对象是非白色，一定要选中"反相"复选框。

（4）单击"确定"按钮，复制一个名为"蓝 副本"的 Alpha 通道，如图 1-37 所示。

（5）调整"蓝 副本"通道，使松树与背景分别更大、更清晰。选中"蓝 副本"通道，选择"图像"→"调整"→"亮度/对比度"或"曲线"等命令，进行调整，调整合适后，单击"确定"按钮，图像中"蓝 副本"通道的效果图如图 1-38 所示。

（6）选择 RGB 混合通道，按住 Ctrl 键，单击"蓝 副本"通道，在图像中载入"蓝 副本"通道保存的选区，如图 1-39 所示。

图 1-37 Alpha 通道

图 1-38 "蓝 副本"通道效果图

（7）打开"草地.jpg"文件，如图 1-40 所示。

图 1-39 载入的选区

图 1-40 草地.jpg

（8）将"松树"中的选区松树图像复制到"草地"文件中，生成一个新的图层，命名为"松树"，如图 1-41 所示。

（9）自由变换"松树"图层，使松树处于合适位置，如图 1-42 所示。

（10）保存文件。

实例 8：利用"内容感知移动工具"移动图像。

操作步骤如下。

（1）打开"彩铅画.jpg"文件，如图 1-43 所示。

（2）选择"内容感知移动工具"，在选项栏中将"模式"设置为"移动"。单击图像，拖动鼠标创建选区，将左上角的"鱼"选中，如图 1-44 所示。

图 1-41 复制选区图像

图 1-42 调整松树图层后的效果

图 1-43 彩铅画.jpg

图 1-44 制作的选区

注意,创建"内容感知移动选区"的方法类似于"套索工具"。

(3) 将光标移动到选区内,单击并拖动鼠标,即可将选中的"鱼"移动到另外的位置,释放鼠标左键,取消选区,效果如图 1-45 所示。

图 1-45 取消选区

（4）保存文件。

 项目小结

本项目通过 3 个任务学习了图形图像素材的类型和格式、获取方法以及处理方法,为制作 CAI 多媒体课件打下图形图像素材获取和处理技术基础。

项目 1.3 音频素材的获取与处理

音频也是 CAI 多媒体课件中的素材之一,属于声音的一种。声音是由物体震动产生的声波,是通过介质（空气或固体、液体）传播并能被人或动物听觉器官所感知的波动现象,是声波通过任何介质传播形成的运动。声音可以被人耳识别的声波频率是 20～20 000Hz,最敏感的是 200～800Hz。声音分为无规则的噪声和有规则的音频信号。有规则的音频信号是一种连续变化、周期性的模拟信号,可以用一条连续的曲线来表示。在多媒体应用系统中,对于一些复杂而抽象的内容,音频表达有它不可替代的独到之处。对于音频素材的获取和处理尤为重要,本项目将通过音频素材的文件格式、获取方法和处理技术 3 个任务的学习与实践,帮助读者掌握音频素材的获取方法和处理技术。

- 掌握音频素材的文件格式。
- 掌握音频素材的获取方法。
- 掌握音频素材的处理技术。

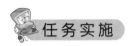

任务1 学习音频素材的文件格式

目前流行的音频处理软件种类较多,音频文件格式也各不相同。目前比较流行的音频文件格式主要有波形文件、MPEG-3、WMA、RealAudio 和 MIDI 等。

(1)波形文件:文件扩展名为.wav,是微软公司开发的一种声音文件格式,是最早的数字音频格式。该格式记录声音的波形,被很多应用程序广泛支持。WAV 格式支持多种压缩算法、音频位数、采样频率和声道,利用该格式记录的声音音质可以和原声基本一致,但存储空间很大,不便于交流和传播。

(2)MPEG-3(Moving Picture Experts Group Audio Layer Ⅲ,动态影像专家压缩标准音频层面3):简称为 MP3,文件扩展名为.mp3,是世界上第一个有损压缩的编码方案,也是现在流行和通用的声音文件格式。利用 MPEG Audio Layer Ⅲ 技术,将音乐以 1∶10 甚至 1∶12 的压缩率进行压缩,消减音乐中人耳听不到的成分,在音频损失很小的情况下,把文件高度压缩。其具有占用空间小、传输速度快的特点。

(3)WMA(Windows Media Audio,Windows 媒体音频):文件扩展名为.wma,是微软力推的一种音频格式。该格式以减少数据流量但保持音质的方法来达到更高的压缩率目的,其压缩率一般可以达到 1∶18,生成的文件大小只有相应 MP3 文件的一半,存储空间非常小。

(4)RealAudio:主要适用于网络上的在线播放。RealAudio 文件格式主要有 RA(Real Audio)、RM(Real Media,RealAudio G2)和 RMX(RealAudio Secured),这些文件的共同性在于随着网络带宽的不同而改变声音的质量,在保证大多数人听到流畅声音的前提下,令带宽较大的听众获得较好的音质。

(5)MIDI(Musical Instrument Digital Interface,乐器数字化接口):文件扩展名是.mid。该技术最初应用在电子乐器上用来记录乐手的弹奏,以便以后重播。随着计算机引入支持 MIDI 合成的声卡,MIDI 就正式成为一种音频格式。

任务2 学习音频素材的获取方法

音频素材的获取方法主要有录制声音、网上搜索下载声音和从视频文件中提取背景音乐等。

1. 录制声音

录制声音可以使用 Windows 自带的录音机或专用录音软件。声音录制的前提是保证声卡和麦克风使用正常,周围无杂声。

1)使用 Windows 自带的录音机录制声音

(1)单击"开始"→"所有程序"→"附件"→"录音机"命令,打开"录音机"软件,界面如图 1-46 所示。

(2)单击"开始录音"按钮,即可录制声音。录制状态界面如图 1-47 所示。

(3)若要停止录制,单击"停止录制"按钮,会弹出"另存为"对话框,如图 1-48 所示。

(4)如果要继续录制,单击"另存为"对话框中的"取消"按钮,然后单击"继续录制"按钮

图 1-46 "录音机"界面

图 1-47 录制状态界面

图 1-48 "另存为"对话框

即可。声音录制完成之后，单击"停止录制"按钮，在弹出的"另存为"对话框中的"文件名"文本框中输入文件名，然后单击"保存"按钮，将录制的声音保存为音频文件（默认为 WMA 格式）。

2）专用录音软件

专业录音软件很多，如闪电计算机录音软件、录音精灵、风云录音大师以及迅捷录音软件等。

2. 网上搜索下载声音

网上搜索需要的声音，可以到酷我音乐盒、百度音乐客户端或中国音乐网（http://www.chnmusic.cn）等搜索下载。

3. 从视频文件中提取背景音乐

制作 CAI 多媒体课件时，可以从视频文件中提取背景音乐。从视频文件中提取背景音乐，可以利用狸窝全能视频转换器进行提取。狸窝全能视频转换器是一款支持 MP4、QSV、QLV、KUX、MOV 等多种格式互转的软件，并且支持视频裁剪、视频合并、视频音频提取等视频处理功能,一键操作,快速完成。狸窝全能视频转换器运行界面如图 1-49 所示。

图 1-49　狸窝全能视频转换器运行界面

打开狸窝全能视频转换器,输出"预置方案"选框右侧的"高级设置"选项面板,如图 1-50 所示,取消勾选左侧"视频"复选框即可。

图 1-50　"高级设置"选项面板

任务 3　学习音频素材的处理技术

获取的音频需要经过编辑和处理,才能作为 CAI 多媒体课件的音频素材进行使用。音频处理软件种类较多,功能各异,下面主要介绍常用的音频处理软件 Cool Edit Pro。

Cool Edit Pro 是功能强大的音频编辑软件,可高质量地完成录音、编辑、合成等多种任务,它能记录 CD/话筒、卡座等多种音源信息,并可以对它们进行降噪、扩音、剪辑等处理,还可以给它们添加淡入淡出、立体环绕、3D 回响等音效。制成的音频文件,可以保存为常见的 WAV、MP3 和 VOC 等格式。Cool Edit Pro 运行界面如图 1-51 所示。

图 1-51　Cool Edit Pro 运行界面

1. Cool Edit Pro 运行界面介绍

(1) 组织窗口:用于进行文件控制和效果的预设。

(2) 音轨控制栏:用于控制各音轨状态。

(3) 播放控制区:用于控制播放状态。

(4) 缩放控制区:用于控制音轨中波形文件显示的比例。

(5) 时间状态栏:用于显示当前音轨的播放时间。

(6) 状态栏:用于控制播放状态及速度、节拍等。

2. 使用 Cool Edit Pro 录制声音

1) 录音试听

打开 Cool Edit Pro,选择要录音的音轨。在音轨对应的"音轨控制栏"单击 R 按钮,使该音轨进入录音等待状态,准备好麦克风,在"播放控制区"单击"录音"按钮,开始录音。录音完毕后,可在"播放控制区"单击"播放"按钮进行试听,如图 1-52 所示。保存文件(本录音保存为"承德我的家.mp3")。

图 1-52 录音试听

2）降噪采样

单击工具栏中的"切换为波形编辑界面"按钮，切换至波形编辑界面，如图 1-53 所示。

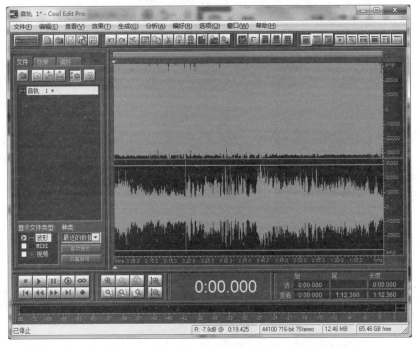

图 1-53 波形编辑界面

选择菜单栏中的"效果"→"噪音消除"→"降噪器"命令,弹出"降噪器"对话框,如图 1-54 所示。

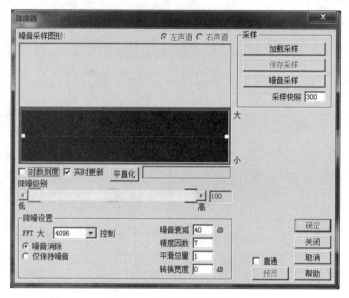

图 1-54 "降噪器"对话框

保持"降噪器"对话框中参数的默认设置,单击"噪音采样"按钮进行噪声的采样。采样完成后,适当调整"降噪级别",单击"确定"按钮,如图 1-55 所示。

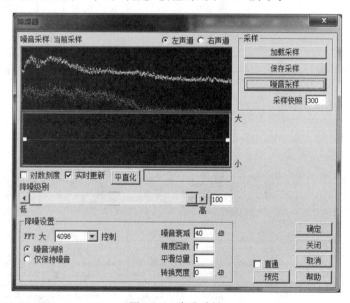

图 1-55 降噪采样

注意,只要进行降噪,都会对原声有一定的损耗。

3. 使用 Cool Edit Pro 剪辑、拼合音频素材

1) 打开音频素材

单击工具栏中的"打开已存在的音频文件"按钮或单击"组织窗口"中的"打开"按钮,弹出"打开波形文件"对话框,选择需要打开的音频素材(本例为"泉水叮咚响.mp3")并打开,如图 1-56 所示。

图 1-56　打开音频素材

选中刚刚打开的文件名(本例为"泉水叮咚响.mp3"),单击"组织窗口"中的"编辑文件"按钮,进入波形编辑界面,如图 1-57 所示。

图 1-57　波形编辑界面

2）调整音频的波形显示

在图 1-57 波形编辑界面中，用"缩放控制区"中的"放大"或"缩小"按钮对音频的波形显示大小进行调整，并可拖动音轨区上方的滑块条更改音频波形显示区域，以方便剪辑，如图 1-58 所示。

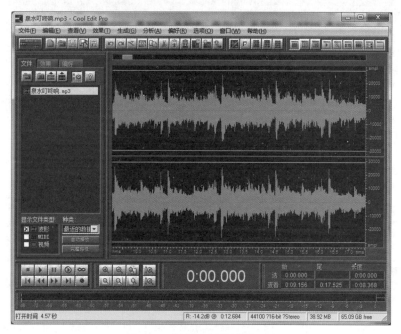

图 1-58　调整音频的波形显示

3）删除音频

在音轨上单击并拖动选中要删除的部分，如图 1-59 所示，按 Delete 键即可删除。

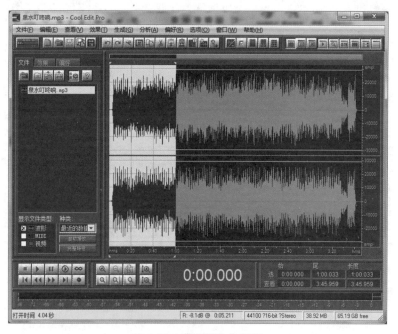

图 1-59　选择删除的音频

4）插入音频

剪辑好后，单击工具栏中的"切换为多轨界面"按钮，切换至多轨面板。在其他空白音轨（如音轨 2）上右击，在弹出的快捷菜单中选择"插入"→"音频文件"命令，打开"打开波形文件"对话框，选择需要插入的音频素材（本例为"承德我的家.mp3"）并打开，如图 1-60 所示。右击并将其拖放至想要插入的位置。

图 1-60　插入音频

5）设置"淡入淡出"效果

选择"音轨 1"，单击工具栏中的"显示音量包络"按钮和"编辑包络"按钮，单击并拖动音轨上的音量控制线对音轨音量进行调整，如图 1-61 所示。对"音轨 2"可以进行同样的处理。

图 1-61　设置"淡入淡出"效果

6)分割视频并设置参数

在"音轨 2"上单击并拖动选择其中一段音频,在工具栏中单击"分割音频块"按钮,将选中的音频分割,如图 1-62 所示。

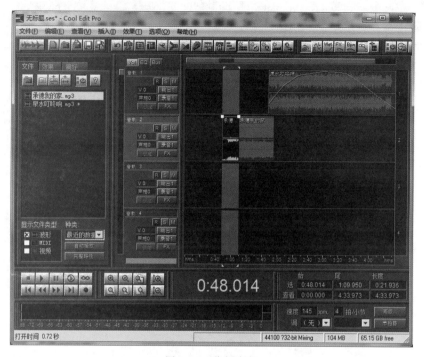

图 1-62 分割音频

在分割的音频块上右击,在弹出的快捷菜单中选择"音频块选项"命令,弹出"音频素材属性"对话框,设置音频块的声相(左右声道)、音量、色调、偏移时间等参数,如图 1-63 所示。

图 1-63 "音频素材属性"对话框

7)编辑音频块的声相

单击工具栏中的"显示声相包络"按钮和"编辑包络"按钮,对音频块上的声相进行编辑,如图 1-64 所示。

8)保存文件

调整完后,可在"播放控制区"单击"播放"按钮进行试听,并对不合适的地方进行进一步

图 1-64　编辑声相

调整。全部调整完成后,选择菜单栏中的"文件"→"混合另存为"命令,弹出"另存 16 位混缩音频"对话框(位数与音频设置有关),设置保存路径、文件名、保存类型等,进行保存,如图 1-65 所示。

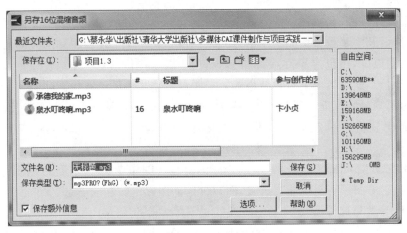

图 1-65　保存文件

项目小结

本项目通过 3 个任务学习了音频素材的文件格式、获取方法和处理技术,为制作多媒体课件打下音频素材获取和处理的基础。

模块一　多媒体素材的获取与处理

项目1.4 视频素材的获取与处理

视频(Video)也是CAI多媒体课件中的素材之一,属于动态图像的一种。视频泛指将一系列静态影像以电信号的方式加以捕捉、记录、处理、存储、传送与重现的各种技术。连续的图像变化每秒超过24帧画面时,根据视觉暂留原理,人眼无法辨别单幅的静态画面,看上去是平滑连续的视觉效果,这样连续的画面就叫作视频。在多媒体应用系统中,对于一些抽象的内容,通过视频可以轻松表达。对于视频素材的获取和处理在CAI多媒体课件制作中非常重要。本项目将通过视频素材的文件格式、获取方法和处理技术三个任务的学习与实践,帮助读者掌握视频素材的获取方法和处理技术。

- 掌握视频素材的文件格式。
- 掌握视频素材的获取方法。
- 掌握视频素材的处理技术。

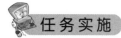

任务1 学习视频素材的文件格式

目前流行的视频处理软件种类繁多,视频文件格式也多种多样。这里所指的视频格式,是对普通用户而言的,是指视频的封装格式。视频封装格式就是将已经编码处理的视频数据、音频数据以及字幕数据按照一定的方式放到一个文件中。现在看到的大部分视频文件,除了视频数据以外,还包括音频、字幕等数据,为了将这些信息有机地组合在一起,就需要一个容器进行封装,这个容器就是封装格式。视频封装格式来源于有关国际组织、民间组织及企业制定的视频封装标准。研究视频封装的主要目的是适应某种播放方式以及保护版权的需要。目前比较流行的视频文件格式主要有MPEG、AVI、ASF、MOV、WMV、RM和FLV等。

(1) MPEG(Moving Picture Experts Group,运动图像专家组):是运动图像压缩算法的国际标准,它采用了有损压缩方法,从而减少运动图像中的冗余信息。经常见到的VCD、SVCD、DVD等就是这种格式。目前MPEG主要压缩标准有MPEG-1、MPEG-2、MPEG-4、MPEG-7与MPEG-21。本书主要介绍MPEG-4。MPEG-4制定于1998年,是面向低传输速率下的影音编码标准,可利用很窄的带宽,通过帧重建技术压缩和传输数据,以求使用最少的数据获得最佳的图像质量。其最有吸引力的地方在于它能够保存接近于DVD画质的小体积视频文件。MPEG-4使用基于对象的编码(Object Based Encoding)技术,即MPEG-4的视频场景由静止对象、运动对象和音频对象等多种媒体对象组合而成,在压缩量及品质上,较MPEG-1和MPEG-2更好。MPEG-4支持内容的交互性和流媒体特性。

（2）AVI(Audio Video Interleaved,音频视频交错)：将视频和音频封装在一个文件里，且允许音频同步于视频播放，Microsoft 公司于 1992 年推出，随 Windows 3.1 一起被人们所认识和熟知，采用一种有损压缩方式。其优点是图像质量好，可以跨多个平台使用；其缺点是体积大，压缩标准不统一，最普遍的现象就是高版本 Windows 媒体播放器播放不了采用早期编码编辑的 AVI 格式视频，而低版本 Windows 媒体播放器又播放不了采用最新编码编辑的 AVI 格式视频，若遇到上述问题，可以通过下载相应的解码器来解决。AVI 格式文件支持多视频流和音频流。

（3）ASF(Advanced Streaming Format,高级流格式)：是 Microsoft 公司开发可以直接在网上观看视频节目的文件压缩格式，是一种在网上即时观看的视频流格式，可以直接使用 Windows 自带的 Windows Media Player 进行播放。它使用了 MPEG-4 的压缩算法，其压缩率和图像质量都很好。

（4）MOV：即 QuickTime 影片格式，是 Apple 公司开发的一种音频、视频文件格式，用于存储常用数字媒体类型。QuickTime 提供了两种标准图像和数字视频格式，既可以支持静态的 *.pic 和 *.jpg 图像格式，又可以支持动态的基于 Indeo 压缩法的 *.mov 和基于 MPEG 压缩法的 *.mpg 视频格式。QuickTime 文件格式支持 25 位彩色，支持领先的集成压缩技术，提供一百五十多种视频效果，并提供了二百多种 MIDI 兼容音响和设备的声音装置。

（5）WMV(Windows Media Video,Windows 媒体视频)：是 Microsoft 公司推出的一种流媒体格式，它是由 ASF 格式升级延伸来的。在同等视频质量下，WMV 格式体积非常小，很适合在网上播放和传输。WMV 格式的主要优点在于可扩充的媒体类型、本地或网络回放、可伸缩的媒体类型、流的优先级化、多语言支持、扩展性等。

（6）RM(Real Media)：是 Real Networks 公司所制定的音频视频压缩规范。用户可以使用 RealPlayer 或 RealOne Player 对符合 Real Media 技术规范的网络音频/视频资源进行实况转播，并且 Real Media 可以根据不同的网络传输速率制定出不同的压缩比率，从而实现在低速率的网络上进行影像数据实时传送和播放。RMVB 格式是由 RM 视频格式升级而来的。RMVB 视频格式打破了 RM 格式那种平均压缩采样的方式，在保证平均压缩比的基础上，合理利用比特率资源，即静止和动作场面少的画面场景采用较低的编码速率，可以留出更多的带宽空间，而这些带宽会在出现快速运动的画面场景时被利用。这样在保证了静止画面质量的前提下，大幅地提高了运动图像的画面质量，从而在图像质量和文件大小之间达到了微妙的平衡。

（7）FLV(Flash Video)：是一种视频流媒体格式。它形成的文件较小，加载速度很快，适合在网络上很好地看视频文件。F4V 格式是继 FLV 格式后 Adobe 公司推出的支持 H.264 编码的高清流媒体格式，码率最高可达 50Mb/s。F4V 格式更小、更清晰、更利于网络传播，已逐渐取代 FLV，且已被大多数主流播放器兼容播放，而不需要通过转换等复杂的方式。目前主流的视频网站都开始用 H.264 编码的 F4V 文件。

任务 2　学习视频素材的获取方法

视频素材的获取方法很多，下面主要介绍 6 种常用的获取方法。

（1）从资源库、电子书籍、课件中获取。资源库、电子书籍中的视频资料可以直接使用，课件中的视频文件一般放在课件文件之外，采用链接方式调用，也可直接获取使用。

（2）从网上下载。有许多专门的软件用于流媒体搜索，搜索到需要的视频资源后可以使用下载工具如迅雷等下载。

（3）直接用数码摄像机拍摄。

（4）从录像片、VCD、DVD 片中获取。用专用软件（如超级解霸）进行截取。

（5）录制屏幕视频。利用相关软件如 SnagIt、QQ 屏幕录制功能（Ctrl＋Alt＋S 组合键）等进行录制。

（6）使用工具软件制作。利用 Premiere、会声会影等视频处理工具快速地制作所需的视频资源。

任务 3 学习视频素材的处理技术

获取的视频需要经过编辑和处理，才能作为 CAI 多媒体课件的视频素材使用。视频处理工作主要包括视频格式转换和视频剪辑。

1．视频格式转换

视频格式转换工具软件有很多，常用的有格式工厂和狸窝全能视频转换器等。

1）格式工厂

格式工厂（Format Factory）是面向全球用户的互联网软件。其功能非常强大，所有类型视频可以转换为 MP4、3GP、AVI、MKV、WMV、MPG、VOB、FLV、SWF、MOV、webm 等格式；所有类型音频可以转换为 MP3、WMA、FLAC、AAC、MMF、AMR、M4A、M4R、OGG、MP2、WAV 等格式；所有类型图片可以转换为 JPG、PNG、ICO、BMP、GIF、TIF、PCX、TGA 等格式。格式工厂运行界面如图 1-66 所示。

图 1-66 格式工厂运行界面

2）狸窝全能视频转换器

狸窝全能视频转换器是一款支持 MP4、QSV、QLV、KUX、MOV 等多种格式互转的软件，并且支持视频裁剪、视频合并、视频音频提取等视频处理功能，一键操作，快速完成。

2. 视频剪辑

视频编辑软件随着科技的进步，发展非常迅猛，目前比较流行的视频剪辑软件如爱拍剪辑、Premiere、金舟视频分割合并软件、Camtasia、视频剪辑大师、迅捷视频剪辑器、爱剪辑、会声会影等。下面主要以爱拍剪辑为例介绍视频剪辑功能。

爱拍剪辑是一款容易上手的视频剪辑制作软件，具有专业的视频处理和编辑功能，可实时实现画中画、绿幕抠图、画面剪裁、无级变速、音频混合器等功能。"爱拍剪辑"运行界面如图 1-67 所示。

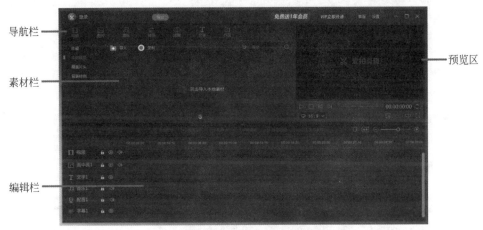

图 1-67 "爱拍剪辑"运行界面

1）基础剪辑

（1）导入素材。素材分为视频、图片和音乐三类。导入不同的素材，单击"导航栏"中的相应按钮（本例为导入视频），再单击"导入"按钮，弹出"导入视频"对话框，选择要导入的视频文件（本例为河北民族师范学院校企合作宣传片.mpg），单击"打开"按钮即可导入，如图 1-68 所示。

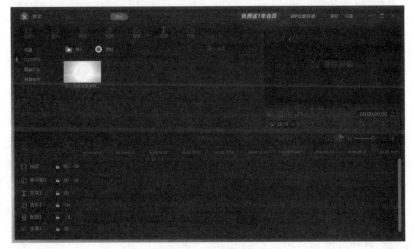

图 1-68 导入视频素材

（2）剪辑素材。导入完相应的素材后，在"素材栏"中单击相应素材的＋号按钮，即可把素材添加到"编辑栏"进行编辑，也可以直接拖动素材到编辑轨道上，如图1-69所示。把轴线拖动到想要剪辑的时间点，再单击"切割"按钮进行剪辑，如图1-70所示。若不需要这段素材，则可以双击这段片段，单击"删除"按钮进行删除，如图1-71所示。双击轨道上的素材，单击"编辑"按钮进行编辑，可以调整视频音量的大小、亮度的强弱、对比度的大小、播放的速度、旋转的角度等，还可以添加一些画面和音频的淡入淡出效果，如图1-72所示。

图1-69　把素材添加到编辑轨道上

图1-70　进行剪辑

2）修改视频声音

首先导入需要修改声音的视频素材(本例为河北民族师范学院校企合作宣传片.mpg)，然后拖动至编辑轨道上，右击，在弹出的快捷菜单中选择"分离音频"命令，就可以将视频和音频分离开，如图1-73所示。选中音频轨道，单击"编辑"按钮，打开"音乐编辑"和"高级音效"面板，在"音乐编辑"面板，可以自定义调整音频的音量大小、播放速度、淡入淡出效果等。在"高级音效"面板，可以给音频添加各种不同均衡器和混响类型，如图1-74所示。也可以自定义设置均衡器和混响的各种参数，如图1-75所示。

图 1-71 删除片段

图 1-72 编辑视频

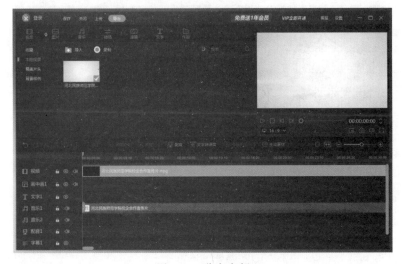

图 1-73 分离音频

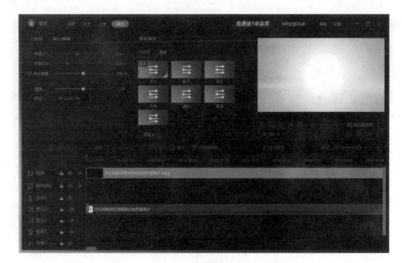

图 1-74 编辑音频

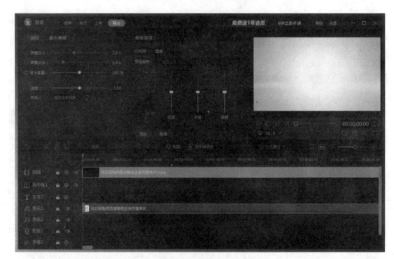

(a) 自定义"均衡器"参数

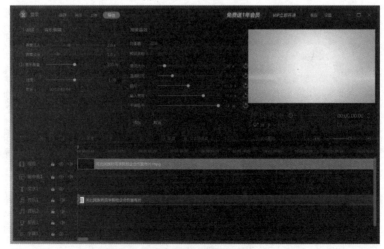

(b) 自定义"混响"参数

图 1-75 自定义"均衡器"和"混响"参数

3）设置转场特效

首先在水平轨道上将要添加转场的两段视频素材准备好，如图1-76所示。再单击导航栏中的"转场"按钮，转场面板显示各种转场样式，如图1-77所示。选择一个适合的转场演示，拖动到两段视频的拼接处，如图1-78所示，可以单击"预览区"中的"播放"按钮进行预览，确认该转场效果是否合适。选中这个转场，单击"编辑"按钮，打开"转场编辑"面板，如图1-79所示，在这里可以自定义调整转场的运动方向、时间长短、羽化的强弱等，还可以选择转场时两段视频素材声音的过渡效果。

图1-76　准备好两段视频

图1-77　转场面板

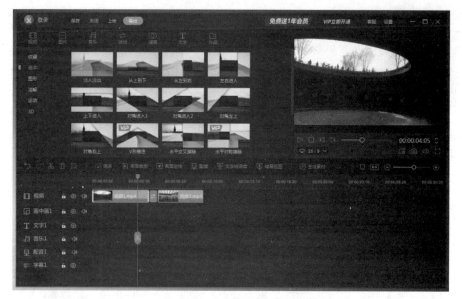

图 1-78　添加转场样式

图 1-79　"转场编辑"面板

4）添加字幕

视频素材已经拖动至轨道上，单击导航栏中的"文字"按钮，打开文字面板，其中包含精美标题、普通文字和 3D 文字三类，如图 1-80 所示。普通文字分为静态文字和动态文字两种，单击普通文字中的"+"即可添加到视频画面中，选中静态文字，单击"编辑"按钮，打开"文字编辑"面板，如图 1-81 所示。在这里可以输入文字、调整文字的字体、大小、颜色、粗体斜体、对齐方式、字体描边、背景色、背景透明度等，单击"继续添加"按钮继续添加字幕，单击"重置"按钮则清除原来的设置。3D 文字与普通文字同理设置，这里不再赘述。

图 1-80 文字面板

图 1-81 "文字编辑"面板

5）添加音乐音效

视频素材 1 已经拖动至轨道上，单击导航栏中的"音乐"按钮，再单击"导入"按钮，选择"泉水叮咚响.mp3"音乐，单击"打开"按钮导入，可以添加多条音乐轨道，并且可以调整音乐的位置，如图 1-82 所示。也可以对音频进行剪辑处理，选中音乐，单击"编辑"按钮，打开"音乐编辑"和"高级音效"面板，这里的设置与前面"修改视频声音"的剪辑操作一致，不再赘述。单击"音效"按钮，打开"音效"面板，提供了很多种音效，如图 1-83 所示。双击某音效，可以预览，选择一个合适的音效，单击"＋"按钮，就可以将选中的音效添加至音频轨道上了，再移动至想要音效的地方即可。同样可以进行"音乐编辑"和"高级音效"等设置,这里不再赘述。

图 1-82　导入音乐

图 1-83　"音效"面板

6) 设置画中画

"画中画"就是将一个素材叠加到原视频上面。"画中画"可以添加"图片"或"视频",单击视频素材上的"画中画"按钮,就可以添加到原视频上面了,如图 1-84 所示。同理,将图片素材添加为"画中画",操作方法与添加"视频"一样。在视频窗口中可以调整画中画的大小和位置,为不影响原视频效果,一般画中画都放在某一个角,调整好合适的大小。

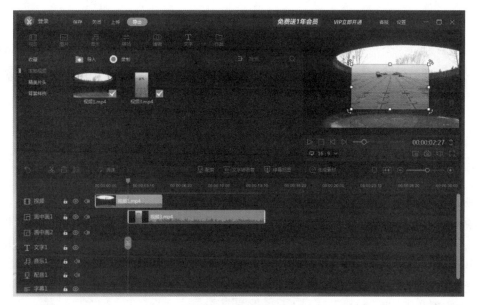

图 1-84　设置画中画

7）导出视频

视频剪辑完成后，就可以导出视频了，单击"导出"按钮，弹出"导出视频"对话框，如图 1-85 所示，可以选择导出视频的格式类型、尺寸大小、码率和帧率（码率越大，视频越清晰，体积也越大；帧率越高，视频越流畅），然后选择保存路径，设置文件名称，单击"立即导出"按钮即可导出视频。

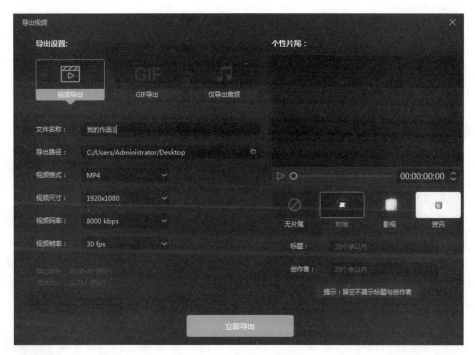

图 1-85　"导出视频"对话框

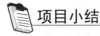 **项目小结**

本项目通过 3 个任务学习了视频素材的文件格式、获取方法和处理技术，为制作多媒体课件打下视频素材获取和处理基础。

项目 1.5 动画素材的获取与处理

动画是一种综合艺术，是集合了绘画、电影、数字媒体、摄影、音乐、文学等众多艺术门类于一身的艺术表现形式。动画技术是采用逐帧拍摄对象并连续播放而形成运动的影像技术。动画是通过把人物的表情、动作、变化等分解后画成许多动作瞬间的画幅，再用摄影机连续拍摄成一系列画面，给视觉造成连续变化的图画。它的基本原理与电影、电视一样，都是视觉暂留原理。医学证明人类具有"视觉暂留"的特性，人的眼睛看到一幅画或一个物体后，不会立即消失。利用这一原理，在一幅画还没有消失前播放下一幅画，就会给人造成一种流畅的视觉变化效果。动画也是 CAI 多媒体课件中的素材之一，对于动画素材的获取和处理在 CAI 多媒体课件制作中非常重要，尤其对于一些比较抽象、无法直接表达的事物，利用动画的方式进行表达非常形象。本项目将通过动画素材制作软件、文件格式、获取方法和制作技术四个任务的学习与实践，帮助读者掌握动画素材的获取方法和制作技术。

- 掌握动画素材的制作软件。
- 掌握动画素材的文件格式。
- 掌握动画素材的获取方法。
- 掌握动画素材的制作技术。

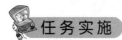

任务 1 学习动画素材的制作软件

动画制作分为二维动画制作、三维动画制作和定格动画制作。二维动画即是二维画面上制作的动画，是平面上的画面，是在二维空间上模拟真实的三维空间效果。三维动画又称 3D 动画，它不受时间、空间、地点、条件、对象的限制，运用各种表现形式把复杂、抽象的内容、科学原理、抽象概念等用集中、简化、形象、生动的形式表现出来。定格动画是通过逐格地拍摄对象然后使之连续放映，从而产生活生生的人物或能想象到的任何奇异角色，一般都是由黏土偶、木偶或混合材料的角色来演出的。目前流行的动画制作软件种类很多，主要有 Flash、3d Max 和 Maya 等。

（1）Flash：是美国 Macromedia 公司（2005 年被 Adobe 收购）于 1999 年 6 月推出的优秀网页动画设计软件，是一种交互式动画设计工具，可以将音乐、声效、动画及富有新意的界面融合在一起,以制作出高品质的动态效果。Flash 动画设计的基本功能包括图形操作、补间动画和遮罩等。

① 图形操作:绘图和编辑图形是创作 Flash 动画的基础,在绘图的过程中主要使用元件来组织图形元素。

② 补间动画:是整个 Flash 动画设计的核心,有动画补间和形状补间两种形式。

③ 遮罩:使用遮罩配合补间动画,可以创建丰富多彩的动画效果,如图像切换、火焰背景文字、管中窥豹等。

(2) 3d Max:全称为 3d Studio Max,是 Discreet 公司开发的(后被 Autodesk 公司合并)基于 PC 系统的三维动画渲染和制作软件,广泛应用于广告、影视、工业设计、建筑设计、多媒体制作、游戏、辅助教学以及工程可视化等领域。

(3) Maya:是 Autodesk 旗下的著名三维建模和动画软件,可以大大提高电影、电视、游戏等领域开发、设计、创作的工作流效率。

任务 2 学习动画素材的文件格式

由于动画素材制作软件的不同以及由于场景的不同,动画素材的文件格式也多种多样,主要有 GIF、FLIC 和 SWF 格式等。

(1) GIF 格式:GIF 动画是指通过使用专门的动画制作工具或者采用逐帧拍摄对象的方法,使多个 GIF 图片按一定规律快速、连续地播放运动的画面。作为动画展示,GIF 采用 GIF89a 标准作为存储格式,文件尺寸较小,被广泛应用。

(2) FLIC 格式:FLIC 是 Autodesk 公司在其出品的 Autodesk Animator/Animator Pro/3D Studio 等 2D/3D 动画制作软件中采用的彩色动画文件格式,FLIC 是 FLC 和 FLI 的统称,其中,FLI 是最初的基于 320×200px 的动画文件格式,而 FLC 则是 FLI 的扩展格式,采用了更高效的数据压缩技术,其分辨率也不再局限于 320×200px。FLIC 文件采用行程编码(RLE)算法和 Delta 算法进行无损数据压缩,首先压缩并保存整个动画序列中的第一幅图像,然后逐帧计算前后两幅相邻图像的差异或改变部分,并对这部分数据进行 RLE 压缩,由于动画序列中前后相邻图像的差别通常不大,因此可以得到相当高的数据压缩率。它被广泛应用于动画图形中的动画序列、计算机辅助设计和计算机游戏应用程序中。

(3) SWF 格式:SWF 是 Micromedia 公司(2005 年被 Adobe 收购)的 Flash 软件的矢量动画格式,它采用曲线方程描述其内容,不是由点阵组成内容,因此这种格式的动画在缩放时不会失真,非常适合描述由几何图形组成的动画,如教学演示等。由于这种格式的动画可以与 HTML 文件充分结合,并能添加 MP3 音乐,因此被广泛地应用于网页上,成为一种"准"流式媒体文件。

任务 3 学习动画素材的获取方法

动画素材的获取方法较多,下面主要介绍 3 种常用的获取方法。

(1) 从资源库或光盘中获取。

(2) 从网上下载。有许多专门的软件用于下载动画素材,如迅雷等。

(3) 使用工具软件制作。利用 Flash、3d Max 和 Maya 等动画制作工具制作所需的动画素材。

任务4 学习动画素材的制作技术

动画制作软件很多,本任务以 Flash 8 为例介绍基本动画素材的制作技术。

Flash 是一个网页交互动画制作工具。用 Flash 制作的动画是矢量的,无论放大或缩小,都清晰可见,其文件很小,便于在互联网上传输,而且采用了流技术,只要下载一部分,就能播放动画,一边播放一边传输下载数据。交互性更是 Flash 动画的特点之一,可以通过单击按钮、选择菜单控制动画的播放。Flash 8 运行界面如图1-86所示。

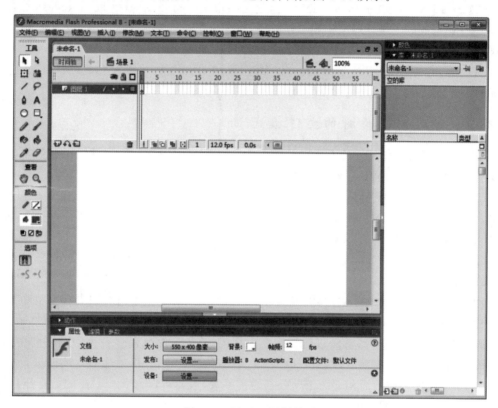

图1-86 Flash 8 运行界面

(1) 制作"移动"动画。

打开 Flash 8 后,选择"文件"→"导入"→"导入到舞台"命令,导入一张图片(globe.gif)到舞台(或选择"文件"→"导入"→"导入到库"命令,导入一张图片到库,再从库中拉到舞台中),如图1-87所示。

导入图片后,转换为元件。选择"选择工具",单击该图片选中,选择"修改"→"转换为元件"命令,弹出"转换为元件"对话框,设置元件名称为 globe,类型选择"影片剪辑",如图1-88所示。单击"确定"按钮,这时,在库中有一个影片剪辑的元件,如图1-89所示。

当前图片 globe 在"图层1"的第1帧处,拖动到最左侧,在第50帧处右击,插入关键帧,把图片拖动最右侧,如图1-90所示。

在第1帧与第50帧之间的空白处右击创建"补间动画",如图1-91所示。这时选择"控制"→"播放"命令,就可以看到"移动"动画效果了。

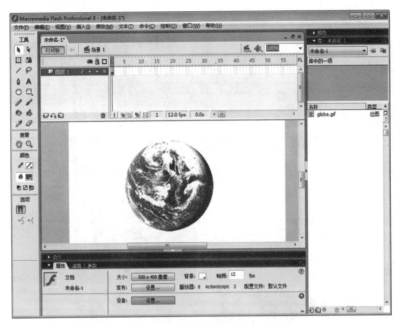

图 1-87 导入图片 globe.gif

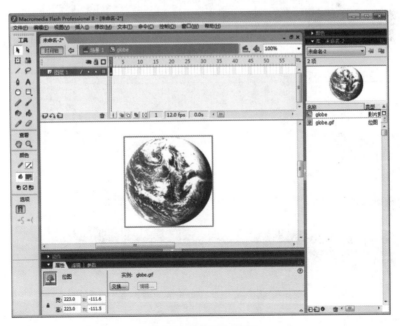

图 1-88 "转换为元件"对话框

图 1-89 转换为元件

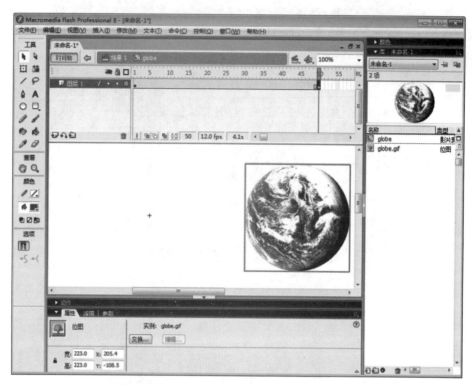

图 1-90 第 50 帧处设置图片

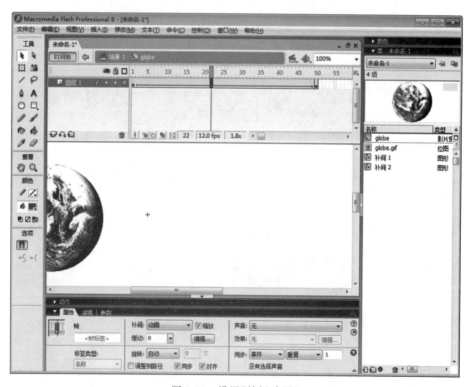

图 1-91 设置"补间动画"

（2）制作"缩放"动画。

在第 1 帧把元件 globe 拖动到舞台上，选择"任意变形工具"缩小图片，如图 1-92 所示。右击复制第 1 帧，粘贴到第 50 帧。在第 25 帧处右击，插入关键帧，并放大图片，如图 1-93 所示。在第 1～25 帧之间和第 25～50 帧之间右击创建"补间动画"，如图 1-94 所示。这时选择"控制"→"播放"命令，就可以看到"缩放"动画效果了。

图 1-92　缩小图片

图 1-93　放大图片

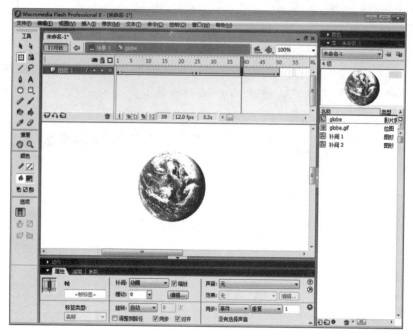

图 1-94 创建"补间动画"

(3) 制作"旋转"动画。

在第 1 帧把元件 globe 拖动到舞台上。在第 50 帧处插入关键帧,在第 1～50 帧之间右击创建"补间动画"。在第 50 帧处选中图片,选择"修改"→"变形"→"顺时针旋转 90 度",如图 1-95 所示。这时选择"控制"→"播放"命令,就可以看到"旋转"动画效果了。

图 1-95 制作"旋转"动画

(4) 制作"引导"动画。

在第 1 帧把元件 globe 拖动到舞台上。在第 50 帧处插入关键帧,在第 1～50 帧之间右击创建"补间动画"。单击"图层"面板中的"添加运动引导层"按钮,添加引导层,在引导层的第 1 帧处绘制一条任意曲线。在第 1 帧处,将图片拖动到曲线的起始处,使图片的中心点贴到曲线上。在第 50 帧处,将图片拖动到曲线的结尾处,使图片的中心点贴到曲线上,如图 1-96 所示。这时选择"控制"→"播放"命令,就可以看到"引导"动画效果了。

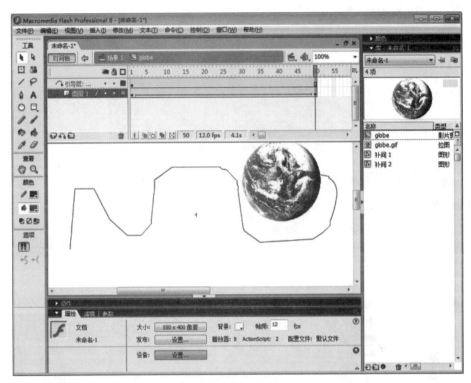

图 1-96　制作"引导"动画

(5) 制作"淡化"动画。

在第 1 帧把元件 globe 拖动到舞台上。在第 50 帧处插入关键帧,在第 1～50 帧之间右击创建"补间动画"。在第 1 帧处,选择"属性"面板中的"颜色"下拉列表框中的 Alpha,调节其后面的透明度,如图 1-97 所示。在第 50 帧处,不调节透明度。这时选择"控制"→"播放"命令,就可以看到"淡化"动画效果了。

(6) 制作"遮罩"动画。

在第 1 帧把元件 globe 拖动到舞台上。在第 50 帧处插入关键帧,在第 1～50 帧之间右击创建"补间动画"。新建一个元件,选择"椭圆工具"在舞台中心绘制一个实心圆,颜色随意设置,把圆的边缘去掉,如图 1-98 所示。单击"图层"面板中的"插入图层"按钮,插入普通图层,如图 1-99 所示。

在插入的普通层"图层 2"第 1 帧处,把实心圆从库中拖动到舞台,盖住 globe 图片,并缩小实心圆,如图 1-100 所示。在第 50 帧处插入关键帧,放大实心圆,完全盖住 globe 图片。并在第 1～50 帧之间创建"补间动画"。设置图层 2 如图 1-101 所示。

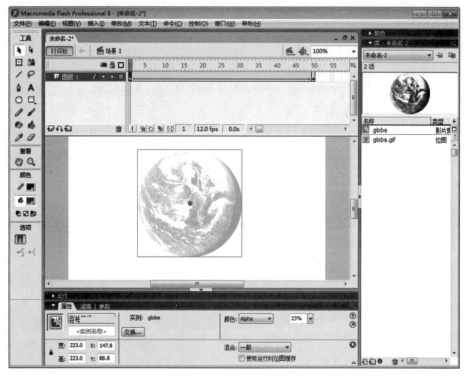

图 1-97 制作"淡化"动画

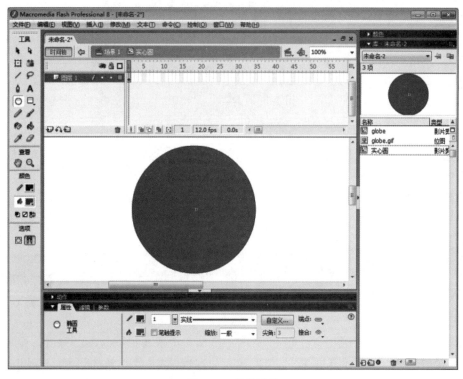

图 1-98 新建元件

图 1-99　插入普通层

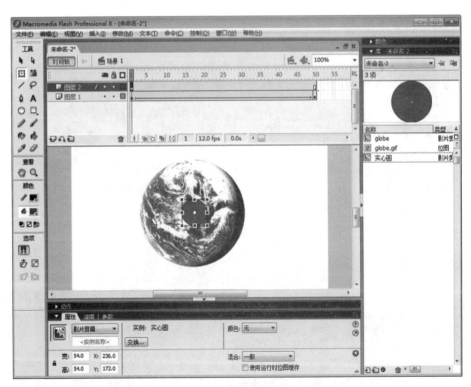

图 1-100　缩小实心圆

模块一　多媒体素材的获取与处理

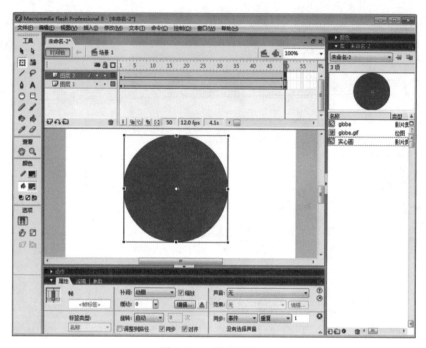

图 1-101　设置图层 2

右击"图层 2",在弹出的快捷菜单中选择"遮罩层"命令,使"图层 2"变为遮罩层,此时"图层 1"和"图层 2"前面的符号都改变了,实心圆变为透明状态,globe 图没有被实心圆盖住的地方成为透明状态,这就是遮罩层的作用,如图 1-102 所示。这时选择"控制"→"播放"命令,就可以看到"遮罩"动画效果了。

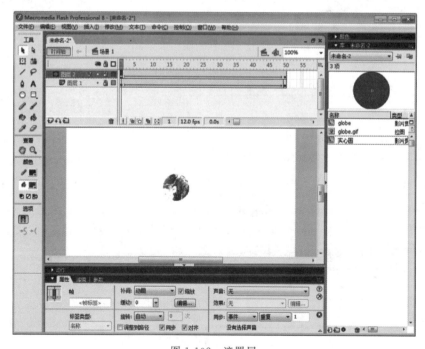

图 1-102　遮罩层

(7) 导出动画。

动画制作完成后,可以选择"播放"→"测试影片"命令,测试动画效果,若对动画效果满意,选择"文件"→"导出"→"导出影片"命令,弹出"导出影片"对话框,如图 1-103 所示。在该对话框中,可以设置导出文件的存储路径、文件名称和保存类型等,保存类型包括影片、动画和图片,一般导出文件选择"Flash 影片(＊.swf)"和"GIF 动画(＊.gif)"两种类型。

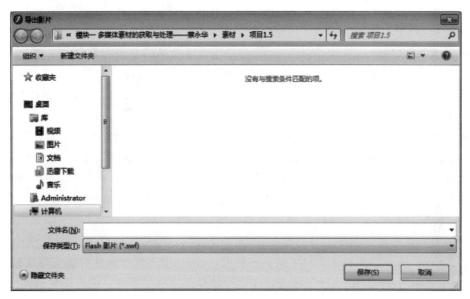

图 1-103 "导出影片"对话框

项目小结

本项目通过 4 个任务学习了动画素材制作软件、文件格式、获取方法和处理技术,为制作多媒体课件打下动画素材获取和处理基础。

模块二　演示型多媒体课件设计与制作

多媒体课件(Multimedia Courseware)是根据教学大纲的要求和教学的需要,经过严格的教学设计,针对一定的教学对象,并以文本、图形图像、音频、视频和动画等多种媒体素材的表现方式和超文本结构,采用编程语言、创作系统或工具制作而成的,具有具体学科内容的 CAI 应用系统。

演示型多媒体课件是一种浏览式多媒体课件,这种模式的课件应用于课堂教学中,在多媒体教室或多媒体网络环境下,由教师向全体学生播放多媒体教学软件,演示教学过程,创建教学情境或进行标准示范等,将抽象的教学内容用形象具体的形式表现出来。演示型多媒体课件的制作原则:主题鲜明,叙述简练;结构紧密,逻辑性强;图文结合,美观大方;生动活泼,便于理解。

演示型多媒体课件制作工具有很多,本模块通过演示型多媒体课件的创建、演示型多媒体课件的编辑、演示型多媒体课件动画效果的设置、演示型多媒体课件的播放与打包四个项目,介绍 PowerPoint 2010 演示文稿制作软件设计制作演示型多媒体的设计与制作技术。

知识树

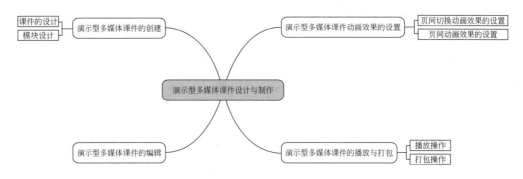

项目 2.1　演示型多媒体课件的创建

演示型多媒体课件的创建,首先要考虑教学设计和系统设计。教学设计是以分析教学的需求为基础,以确立解决教学问题的步骤为目的,以评价反馈来检验设计与实施的效果,是一种教学的规划过程和操作程序。多媒体课件的教学设计就是要应用系统科学的观点和方法,按照教学目标和教学对象的特点,合理地选择和设计教学媒体信息,并在系统中有机

地组合,形成优化的教学系统结构。系统设计就是按照教学设计的要求,将教学知识内容在计算机上通过灵活多样的形式加以表达,发挥多媒体的优势,突破教学难点,突出教学重点,培养学生的能力和素质。系统设计通过系统结构来体现,演示型多媒体课件系统结构一般包括封面、菜单、教学单元的知识点内容和提供的媒体素材或资源等。本项目将以制作"三角形的中位线"说课课件为例,通过演示型多媒体课件的设计和演示型多媒体课件的模块设置两个任务的学习与实践,帮助读者掌握演示型多媒体课件的创建过程。

- 掌握演示型多媒体课件的设计思路。
- 掌握演示型多媒体课件的模块设置。

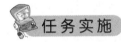

任务1　演示型多媒体课件的设计

演示型多媒体课件的设计要具有科学性和合理性,设计者需要严格遵守设计的版面要清晰简洁、色彩的搭配要合理、版面布局要和谐统一等美学原则。下面对"三角形的中位线"的说课内容做如下分析。

视频讲解

(1) 本课件性质:说课课件。

(2) 本课件内容:三角形的中位线定义和定理。

针对"三角形的中位线"的说课内容,按照说课的要求,设计整体说课过程包括教材分析、学情分析、教学目标、教学方法、教学过程和教学效果等模块。多媒体课件模块设计如图2-1所示。

图2-1　多媒体课件模块设计

"教材分析"模块包括内容分析和地位与作用。"学情分析"模块包括知识分析和能力分析。"教学目标"模块包括知识技能、数学思考、问题解决、情感态度和教学重难点。"教学方法"模块包括教法(引导探索和多媒体辅助教学)和学法(动手操作和合作探究)。"教学过程"模块包括情境引入、学习定义、探究证明、定理揭示、问题解决、巩固训练、课堂小结和板书设计。"教学效果"模块包括创新之处、学生主体和素养导向。

任务2 演示型多媒体课件的模块设置

根据任务1对"三角形的中位线"说课多媒体课件的模块设计,下面进行多媒体课件的制作过程。

1. 演示型多媒体课件的外观设置

外观设置是多媒体课件制作的第一步,外观的优劣直接影响多媒体课件的质量。多媒体课件的外观设置通常有母版、配色方案和设计模板三种方法。

母版是一种特殊的幻灯片,包含幻灯片的文本和页脚(如日期、时间和幻灯片编号)等占位符。母版用于设置每张幻灯片的预设格式,母版更改直接反映在使用该母版的每张幻灯片上,母版有幻灯片母版、讲义母版和备注母版三种类型,一般使用幻灯片母版进行设置。

下面设置幻灯片母版,操作步骤如下。

(1)单击"视图"→"幻灯片母版"按钮,打开幻灯片母版设置界面。

(2)添加背景:在幻灯片母版中插入"背景.png"图片。

(3)添加学校LOGO和学校名称:在幻灯片母版右上角插入"学校LOGO.jpg"和"学校名称.jpg"图片,并调整其大小和位置,如图2-2所示。

图2-2 设置幻灯片母版

本幻灯片不设置配色方案和设计模板。

2. 演示型多媒体课件的模块设置

按照任务1对"三角形的中位线"说课多媒体课件的模块设计,设置各张幻灯片。

(1)第一张幻灯片:封面。在本张幻灯片左上角、右下角、左部分别插入"气泡1.jpg""气泡2.jpg"和"人物.jpg"三张图片。在"单击此处添加标题"文本框中输入文字"三角形的中位线",在"单击此处添加副标题"文本框中输入"说课人:×××"和"时间:2021年2月15日"。"封面"设置效果如图2-3所示。

(2)第二张幻灯片:目录。新建幻灯片,在幻灯片中部插入一条竖线。在竖线左侧插入文本框,输入"说课过程 Lessons Process"。在竖线右侧插入6个文本框,分别输入文字"一、教材分析""二、学情分析""三、教学目标""四、教学方法""五、教学过程"和"六、教学效果",并设置文本框无填充、无线条以及字体的格式。"目录"设置效果如图2-4所示。

(3)第三张幻灯片:教材分析。新建幻灯片,在本幻灯片上部插入一条绿色直线。在直线上面插入文本框,输入"一、教材分析",设置幻灯片无填充、无线条,字体颜色为黑色。

图 2-3 "封面"设置效果

图 2-4 "目录"设置效果

在幻灯片左部插入 6 个"矩形"形状,分别输入文字"教材分析""学情分析""教学目标""教学方法""教学过程"和"教学效果",将"教材分析"所在矩形设置为绿色背景,文字颜色设置为白色,在该矩形右边插入"小箭头.jpg"图片。其余矩形均设置为白色背景,文字颜色设置为黑色。在幻灯片的中部插入一个 SmartArt 图形"分离射线",输入文字"内容分析",再插入一个"圆形"形状,并输入文字"地位与作用"。设置"分离射线"SmartArt 图形和"圆形"形状为绿色背景,文字颜色设置为白色。"教材分析"模块页设置效果如图 2-5 所示。

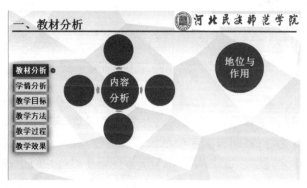

图 2-5 "教材分析"模块页设置效果

(4)第四张幻灯片:学情分析。复制上一张幻灯片。将直线上面的"一、教材分析"改为"二、学情分析"。将"教材分析"所在矩形设置为白色背景,文字颜色设置为黑色。将"学情分析"所在矩形设置为绿色背景,文字颜色设置为白色,并将"小箭头.jpg"图片移动至该矩形右侧。删除"分离射线"SmartArt图形和"圆形"形状。在幻灯片的中部插入两个"矩形标注"形状,并"编辑顶点"调整标注的形状,分别输入"知识分析"和"能力分析",设置"矩形标注"形状背景色,文字颜色设置为白色。"学情分析"模块页设置效果如图2-6所示。

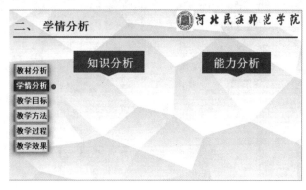

图2-6 "学情分析"模块页设置效果

（5）第五张幻灯片：教学目标。复制上一张幻灯片。将直线上面的"二、学情分析"改为"三、教学目标"。将"学情分析"所在矩形设置为白色背景,文字颜色设置为黑色。将"教学目标"所在矩形设置为绿色背景,文字颜色设置为白色,并将"小箭头.jpg"图片移动至该矩形右侧。删除两个"矩形标注"形状。在幻灯片的中部插入"菱形连接图.jpg"图片和四个文本框,分别输入"知识技能""数学思考""问题解决"和"情感态度",并设置文本框无填充、无线条,以及将文字颜色设置为黑色。"教学目标"页设置效果如图2-7所示。

图2-7 "教学目标"模块页设置效果

（6）第六张幻灯片：教学方法。复制上一张幻灯片。将直线上面的"三、教学目标"改为"四、教学方法"。将"教学目标"所在矩形设置为白色背景,文字颜色设置为黑色。将"教学方法"所在矩形设置为绿色背景,文字颜色设置为白色,并将"小箭头.jpg"图片移动至该矩形右侧。删除"菱形连接图.jpg"图片和四个文本框。在幻灯片的中部插入"圆形连接图.jpg"图片和四个文本框,前两个文本框中输入"教法",后两个文本框中输入"学法",并设置文本框无填充、无线条,以及文字颜色设置为白色。"教学方法"模块页设置效果如图2-8所示。

（7）第七张幻灯片：教学过程。复制上一张幻灯片。将直线上面的"四、教学方法"改

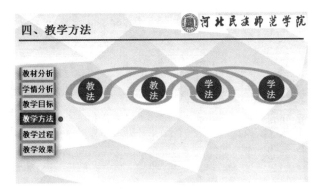

图 2-8 "教学方法"模块页设置效果

为"五、教学过程"。将"教学方法"所在矩形设置为白色背景,文字颜色设置为黑色。将"教学过程"所在矩形设置为绿色背景,文字颜色设置为白色,并将"小箭头.jpg"图片移动至该矩形右侧。删除"圆形连接图.jpg"图片和四个文本框。在幻灯片的中部插入八个"矩形"形状和七个"箭头"形状并顺序连接,填充色均设置为"深绿,强调文字颜色 1",分别输入"情境引入""学习定义""探究证明""定理揭示""问题解决""巩固训练""课堂小结"和"板书设计",文字颜色设置为白色。"教学过程"模块页设置效果如图 2-9 所示。

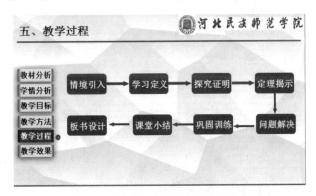

图 2-9 "教学过程"模块页设置效果

(8) 第八张幻灯片:教学效果。复制上一张幻灯片。将直线上面的"五、教学过程"改为"教学效果"。将"教学过程"所在矩形设置为白色背景,文字颜色设置为黑色。将"教学效果"所在矩形设置为绿色背景,文字颜色设置为白色,并将"小箭头.jpg"图片移动至该矩形右侧。删除八个"矩形"形状和七个"箭头"形状。在幻灯片的中部插入四个"矩形"形状和三条"直线"形状,"矩形"形状设置为无填充、黑色线条,分别输入"教学效果""创新之处""学生主体"和"素养导向",文字颜色设置为黑色,"直线"设置为黑色线条。"教学效果"模块页设置效果如图 2-10 所示。

(9) 第九张幻灯片:封底。复制上一张幻灯片。删除本幻灯片中所有内容,插入一个文本框,输入"谢谢大家",并设置文本框无填充、无线条,以及字体设置为绿色。"封底"设置效果如图 2-11 所示。

至此,"三角形的中位线"说课多媒体课件模块设置已经完成,模块设置"幻灯片浏览"视图效果如图 2-12 所示。

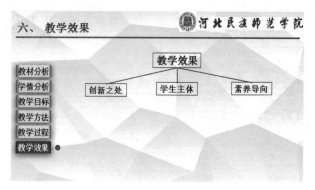

图 2-10 "教学效果"模块页设置效果

图 2-11 封底设置效果

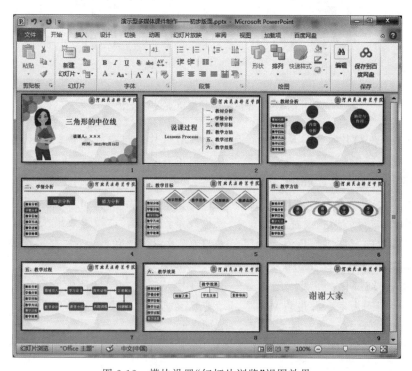

图 2-12 模块设置"幻灯片浏览"视图效果

本项目通过2个任务学习了演示型多媒体课件的设计与模块设置,帮助读者掌握了演示型多媒体课件的创建过程。

项目2.2 演示型多媒体课件的编辑

演示型多媒体课件经过设计和模块设置,整体架构已经搭建完成,本项目将对演示型多媒体课件进行详细编辑操作。在编辑过程中,切忌将大量文字从Word中直接放到多媒体课件中,要坚持"图"优于"表","表"优于"文字"的多媒体素材使用原则。本项目继续以制作"三角形的中位线"说课课件为例,通过演示型多媒体课件的编辑任务的学习与实践,帮助读者掌握演示型多媒体课件的制作过程。

掌握演示型多媒体课件的制作技术。

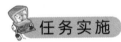

任务 演示型多媒体课件编辑操作

视频讲解

项目2.1已经对"三角形的中位线"说课多媒体课件的各模块设置完成,下面对各模块进行详细编辑。

(1)封面:在项目2.1中已经设置完成,不再赘述。

(2)目录:在项目2.1中已经设置完成,不再赘述。

(3)教材分析:在"内容分析"SmartArt图形"分离射线"的四个圆中,分别输入"平行线""全等三角形""三角形"和"平行四边形",文字颜色设置为白色。

在上述SmartArt图形的下方插入一个文本框,输入"三角形的中位线定理",并设置文本框填充为"水蓝色,强调文字颜色5,淡色80%"、线条为"黑色,实线",以及文字颜色设置为黑色。再插入三个绿色箭头和两个文本框,分别输入"发现 证明"和"证明",并设置文本框无填充、无线条。在"圆形"形状下方,依次插入蓝色箭头、文本框、绿色箭头、文本框,第一个文本框中输入"解等量关系,解决实际问题",设置文本框填充为"蓝色,强调文字颜色6,淡色80%",无线条,文字颜色设置为黑色;在第二个文本框中输入"判定两直线平行,论证线段倍分",设置文本框填充为"蓝-灰,强调文字颜色2,淡色80%",无线条,文字颜色设置为黑色。效果如图2-13所示。

(4)学情分析。在"知识分析"矩形标注的下方插入一个SmartArt图形"分段循环",输入"中线""平行线""全等"和"平行四边形",文字颜色设置为白色;在"能力分析"矩形标注的下方插入一个SmartArt图形"多向循环",输入"观察""推理""论证几何"和"直观",文字

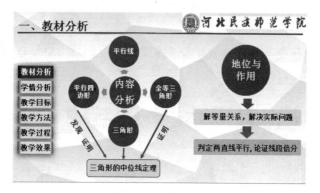

图 2-13 "教材分析"模块详细编辑效果

颜色设置为白色。"学情分析"模块详细编辑效果如图 2-14 所示。

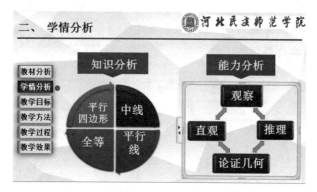

图 2-14 "学情分析"模块详细编辑效果

(5) 教学目标。分别在"知识技能""数学思考""问题解决"和"情感态度"下方插入文本框,分别输入"了解三角形的中位线定义;掌握三角形中位线定理;会用三角形中位线定理解决实际问题。""在经历动手剪拼的过程中,体会割补方法在解决数学问题中的作用,提高学生动手实践、推理论证的能力。""运用中位线定理解决测量问题,发展应用意识和创新意识。"和"学生通过动手操作、合理猜想、推理验证等,体会三角形中位线的数学价值,培养学生主动探索精神和合作意识。",并设置各文本框无填充、无线条,以及文字颜色设置为黑色。"教学目标"模块详细编辑效果如图 2-15 所示。

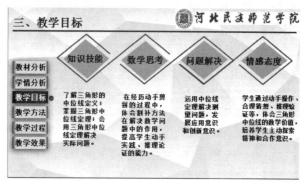

图 2-15 "教学目标"模块详细编辑效果

在教学目标后,增设"教学重难点"页,插入一个绿色的"圆"和两个绿色的"弯箭头",输入"教学重点"和"教学难点";再插入两个文本框,分别输入"三角形中位线定理的证明及其应用"和"三角形中位线定理探索过程",并设置各文本框无填充、无线条,以及文字颜色设置为黑色。"教学重难点"页详细编辑效果如图 2-16 所示。

图 2-16 "教学重难点"页详细编辑效果

(6)教学方法。在两"教法"下方插入两个文本框,输入"引导探索"和"多媒体辅助教学",在两"学法"下方两个文本框中输入"动手操作"和"合作探究",并设置文本框无填充、无线条,以及文字颜色设置为黑色。"教学方法"模块详细编辑效果如图 2-17 所示。

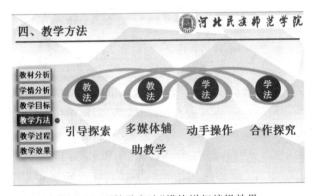

图 2-17 "教学方法"模块详细编辑效果

(7)教学过程。教学过程模块设置在项目 2.1 中已经完成,效果如图 2-9 所示,不再赘述。下面分别对输入"情境引入""学习定义""探究证明""定理揭示""问题解决""巩固练习""课堂小结"和"板书设计"等环节进行学习编辑。

① 情境引入。新建幻灯片,使用项目 2.1 中设置完成的标题和内容主题,如图 2-18 所示。在上方插入一个文本框,输入"(一)情境引入",并设置文本框无填充、无线条,以及文字颜色设置为黑色。在上述文本框下面插入一条绿色直线。在该直线下方左侧插入"湖泊-实图.jpg"图片,确定 A、B 两点,要测量 A、B 两点间的距离,在距离岸边稍远一点的地方确定一点 C,连接 AC 和 BC,找到 AC 的中点 M,BC 的中点 N,连接 MN。在直线的下方右侧插入一个"矩形"形状,输入"神奇的测量方法",再插入一个"湖泊-仿画"图片,在最下边插入文本框,输入"设计意图:学生体会到数学来源于生活,激发学生的学习兴趣。",并设置文本框无填充、无线条,以及文字颜色设置为黑色。"情境引入"环节详细编辑效果如图 2-19 所示。

图 2-18　新建幻灯片主题

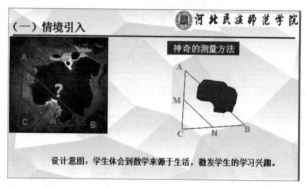

图 2-19　"情境引入"环节详细编辑效果

② 学习定义。复制上一张幻灯片。将直线上方的"(一)情境引入"改为"(二)学习定义"。删除其余内容。在幻灯片中插入文本框,输入"三角形中位线定义:连接三角形两边中点的线段,叫作三角形的中位线。",并设置文本框无填充、无线条以及文字颜色设置为黑色。绘制△ABC,取各边的中点,分别为点 D、E、F,连接 DE、EF、FD。再插入两个文本框,分别输入"中位线"和"底边",在两文本框之间插入一个双向绿色箭头和一个绿色问号。在最下边插入一个文本框,输入"设计意图:既认识了未知线段,又说明了要探究的是中位线与底边的关系。起到承上启下的作用。",并设置文本框为无填充、无线条,文字颜色为黑色。"学习定义"环节详细编辑效果如图 2-20 所示。

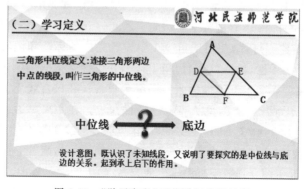

图 2-20　"学习定义"环节详细编辑效果

③ 探究证明。

- 动手实践。复制上一张幻灯片。将直线上面的"(二)学习定义"改为"(三)探究证明"。删除其余内容。在直线下方插入两个文本框，分别输入"1.动手实践"和"分析：由旋转得全等一组对边平行且相等"，文本框均设置为无填充、无线条，文字颜色均为黑色。在幻灯片左半部绘制一个三角形 ABC 和一个梯形 DEFG，使得三角形的底边 BC 与梯形的上底 DG 相等，并重合放置，并设置"线型"为 1.75 磅、实线。在三角形 ABC 和梯形 DEFG 右侧插入一个蓝色箭头和一个红色问号。将三角形 ABC 和梯形 DEFG 复制一份，放到本幻灯片的右上半部，并设置三角形"线型"为 1.75 磅、短画线，将短画线三角形与梯形组合为一个大三角形 A'E'F'。再将三角形 ABC 复制一份，并设置三角形"填充"为纯色填充（水绿色，强调文字颜色 5），该三角形命名为三角形 A''B''C''。将三角形 A'E'F' 和三角形 A''B''C'' 再复制一份，放到本幻灯片的右下半部。"动手实践"详细编辑初步效果如图 2-21 所示。将三角形 A''B''C'' 移动至三角形 A'E'F' 的上面，与短画线三角形重合。"动手实践"详细编辑最终效果如图 2-22 所示。

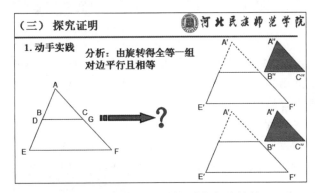

图 2-21 "动手实践"详细编辑初步效果

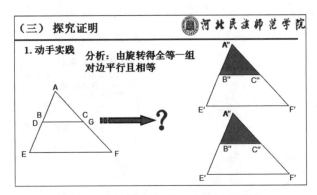

图 2-22 "动手实践"详细编辑最终效果

- 得出猜想。复制上一张幻灯片。将直线下方的两个文本框的内容分别改为"2.得出猜想"和"在任意三角形中，中位线平行于底边，并且等于其对应底边的一半。"，文本框均设置为无填充、无线条，文字颜色均设置为黑色。在幻灯片左下半部插入一个"矩形标注"形状，再插入一个文本框，输入"设计意图：学生主动发现定理的过程充分体现了布鲁纳的发现学习理论,演示使探究过程可视化,进一步明确猜想。在此过程中充分发挥教师引导者、组织者的作用,学生积累活动经验,为下面的证明做铺垫。",文本框设置为无填充、无线条,文字颜色设置为黑色。在幻灯片右下半部分绘制一个"云形标注"形状,输入"通过实验得出的猜想,真的正确吗?我们应该怎样证明?",在"云形标注"形状右侧插入"疑问.jpg"图片。"得出猜想"详细编辑效果如图 2-23 所示。

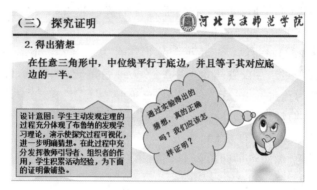

图 2-23 "得出猜想"详细编辑效果

- 定理证明。复制上一张幻灯片。将"2.得出猜想"改为"3.定理证明",删除其余内容。将图 2-22 中右侧的两个三角形 A''B''C''和两个三角形 A'E'F(注:顶点 A''与 A'是重合的)复制到本幻灯片的左半部,再绘制两个与三角形 A''B''C''完全相同的三角形,设置为无填充、红色、短画线,一个三角形顺时针旋转 180°,另一个三角形逆时针旋转 180°,分别放置在两个梯形的两侧,相应边与梯形重合。在幻灯片中插入三个文本框,分别输入"已知:B''、C''分别是三角形的边 A'E、A'F 的中点。求证:B''C''//E'F',且 B''C''=$\frac{1}{2}$E'F'。""方法一:延长 B''C''一倍至 G'点,连接 G'F'"和"方法二:延长 C''B''一倍至 M'点,连接 M'E'",文本框均设置为无填充、无线条,字体均为黑色。"定理证明"详细编辑第一步效果如图 2-24 所示。

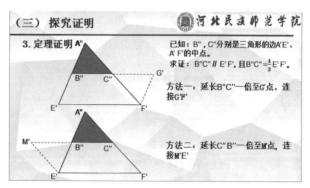

图 2-24 "定理证明"详细编辑第一步效果

复制上一张幻灯片。删除含有"方法一:延长 B''C''一倍至 G'点,连接 G'F'"和"方法二:延长 C''B''一倍至 M'点,连接 M'E'"内容的两个文本框。再重新插入三个文本框,前两个文本框输入"证明方法一"和"证明方法二,同理",第三个文本框里输入如下内容。

证明：延长B''C''一倍至G'点,连接G'F'
在三角形A''B''C''和三角形C''F'G'中
∵ A''C''=C''F',∠A''C''B''=∠F'C''G'
    B''C''=C''G'
∴三角形A''B''C''≌三角形C''F'G'
∴A''B''=F'G',∠A''=∠C''F'G'
∴A''B''∥F'G',即B''E'∥F'G'
又∵B''E'= A''B''=F'G'
∴四边形B''E'F'G'是平行四边形
∴B''C''∥E'F',且B''G'=E'F'
∴ B''C''∥E' F',且 B''C''=$\frac{1}{2}$ E' F'

文本框均设置为无填充、无线条,字体均为黑色。"定理证明"详细编辑第二步效果如图2-25所示。

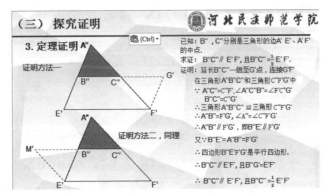

图2-25 "定理证明"详细编辑第二步效果

复制图2-24所示幻灯片。删除含有"方法一：延长B''C''一倍至G'点,连接G'F'"和"方法二：延长C''B''一倍至M'点,连接M'E'"内容的两个文本框。再插入一个"矩形标注"形状,输入"设计意图：从实验结果入手,简单明了,实验的过程为添加辅助线提供了思路方向；在定理证明的过程中,培养学生的推理论证能力。""定理证明"详细编辑第三步效果如图2-26所示。

④ 定理揭示。复制上一张幻灯片。将直线上面的"(三)探究证明"改为"(四)定理揭示"。删除其余内容。在直线下方插入两个文本框,分别输入"三角形的中位线定理：三角形的中位线平行于三角形的第三边,并且等于第三边的一半。"和"符号语言：若在三角形ABC中,DE为三角形ABC的中位线,则DE∥BC且DE=$\frac{1}{2}$BC。",文本框均设置为无填充、无线条,文字颜色均为黑色。在幻灯片右半部绘制一个三角形ABC及其中位线DE,并设置"线型"为1.75磅、实线。在最下方插入一个"矩形标注"形状,输入"设计意图：培养了学生的总结概括能力和符号意识,完成了本节课重难点的目标。""定理揭示"详细编辑效果如图2-27所示。

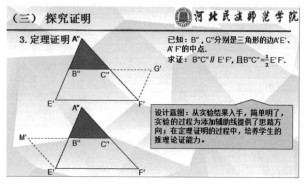

图 2-26 "定理证明"详细编辑第三步效果

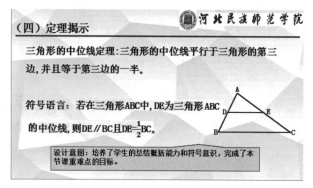

图 2-27 "定理揭示"详细编辑效果

⑤ 问题解决。复制上一张幻灯片。将直线上面的"(四)定理揭示"改为"(五)问题解决"。删除其余内容。在直线下方插入三个"圆角矩形"形状,分别输入"l_{MN}""$l_{MN} \times 2$"和"l_{AB}"。三个"圆角矩形"形状之间插入两个下箭头。在最下方插入一个"矩形标注"形状,输入"设计意图:解决刚开始的问题,呼应开头,培养学生的应用意识。让学生认识到数学来源于生活最终又应用于生活。",在右侧插入一个"湖泊-仿画"图片。"问题解决"详细编辑效果如图 2-28 所示。

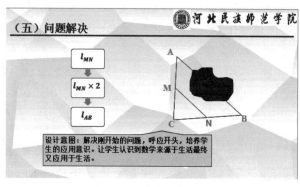

图 2-28 "问题解决"详细编辑效果

⑥ 巩固训练。复制上一张幻灯片。将直线上面的"(五)问题解决"改为"(六)巩固训练"。删除其余内容。在直线下方插入四个文本框,分别输入"1.如图,在三角形 ABC 中,D、E、F 分别为 AB、BC、AC 的中点,AC=12,BC=16。求四边形 DECF 的周长。""解:∵D、E、F 分别是 AB、BC、AC 的中点 ∴DF、DE 分别为三角形 ABC 的中位线 ∴DE=$\frac{1}{2}$AC=6,DF=$\frac{1}{2}$BC=8.∴C$_{DECF}$=DE+EC+CF+FD=24""2.已知:如图,在四边形 ABCD,AD=BC,P 为对角线 BD 的中点,M 是 DC 的中点,N 是 AB 的中点。求证:三角形 PMN 是等腰三角形。"和"证明:∵M,P,N 分别为 DC、BD、AB 的中点,∴MP=$\frac{1}{2}$BC,PN=$\frac{1}{2}$AD 又∵AD=BC ∴MP=PN ∴三角形 PMN 是等腰三角形",文本框均设置为无填充、无线条,文字颜色均为黑色。在幻灯片右半部插入"三角形 1.jpg"和"三角形 2.jpg"图片。在最下方插入一个"椭圆形标注"形状,输入"设计意图:强化学生对重点知识的熟练掌握,巩固所学知识。"。"巩固训练"详细编辑效果如图 2-29 所示。

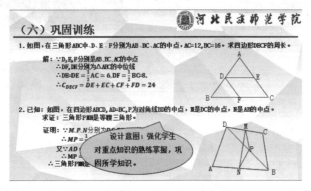

图 2-29 "巩固训练"详细编辑效果

⑦ 课堂小结。复制上一张幻灯片。将直线上面的"(六)巩固训练"改为"(七)课堂小结"。删除其余内容。在直线下方插入 SmartArt 图形"分离射线",添加四周的圆形,输入"三角形中位线定理""平行四边形""全等三角形""实验探究""解决实际问题"和"三角形中位线定义"。在右下角插入一个"圆角矩形标注"形状,输入"设计意图:系统整理、形成结构;抓住重难点,深化知识,提高数学素养。"。"课堂小结"详细编辑效果如图 2-30 所示。

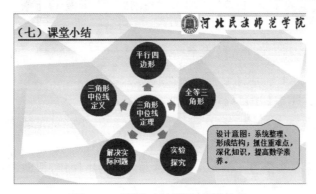

图 2-30 "课堂小结"详细编辑效果

⑧ 板书设计。复制上一张幻灯片。将直线上面的"(七)课堂小结"改为"(八)板书设计"。删除其余内容。插入"板书设计.jpg"图片。在下方插入一个"圆角矩形标注"形状,输入"设计意图:板书设计结构清晰,能够帮助学生理解和记忆,启发学生思维,并给学生提供正确示范。"。"板书设计"详细编辑效果如图 2-31 所示。

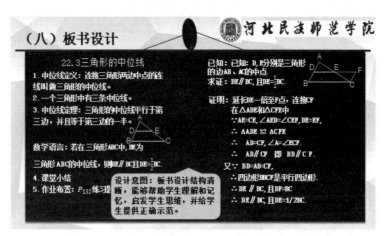

图 2-31 "板书设计"详细编辑效果

(8)教学效果。在"创新之处""学生主体"和"素养导向"下方插入三个文本框,输入"教材重构 教师寄语""教学目标 自主探究 化繁为简"和"割补方法 获得经验 推理论证",并设置文本框无填充、无线条以及文字颜色设置为黑色。"教学效果"模块详细编辑效果如图 2-32 所示。

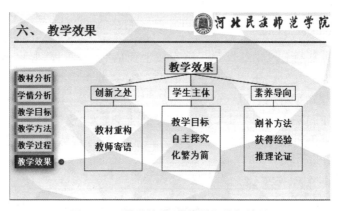

图 2-32 "教学效果"模块详细编辑效果

(9)封底。在项目 2.1 中已经设置完成,不再赘述。

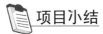 项目小结

本项目通过 1 个任务学习了演示型多媒体课件的编辑操作,帮助读者掌握演示型多媒体课件的制作过程。

项目 2.3　演示型多媒体课件动画效果的设置

项目描述

演示型多媒体课件编辑完成后，所有内容都已经放置到合适的幻灯片相应位置了，为配合各部分教学内容的讲解需要，使多媒体课件播放更加生动形象，需要对多媒体课件进行动画效果的设置。多媒体动画效果分为两种：一种是幻灯片页内的动画效果，可以为文字、表格、图形图像等素材设置动画效果，控制幻灯片各页的内容的播放顺序，突出重点并增加演示的趣味性。另一种是各幻灯片页间切换的动画效果，系统默认是各幻灯片之间以设置好的动画效果顺序切换，也可以设置动作或超级链接，改变课件的顺序播放方式，从而提高课件的交互性。对于一个多媒体课件来讲，动画效果一般不超过三种。本项目继续以制作"三角形的中位线"说课课件为例，项目 2.2 已经对"三角形的中位线"说课多媒体课件的所有内容编辑完成，下面对各幻灯片的页间切换和页内动画效果进行设置，帮助读者掌握演示型多媒体课件的动画效果设置方法。

项目目标

- 掌握演示型多媒体课件页间切换动画效果设置方法。
- 掌握演示型多媒体课件页内动画效果设置方法。

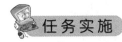

任务实施

任务1　演示型多媒体课件页间切换动画效果的设置

各幻灯片页间切换动画效果可以通过"切换"选项栏进行设置，如图 2-33 所示。设置如"无""切出""淡出""推进""擦除""分割""显示""随机线条""形状"等多种切换动画方式，可以设置动画"效果选项""声音""持续时间"、应用范围、"换片方式"等。

视频讲解

图 2-33　"切换"选项栏

本任务各幻灯片页间切换效果方式选择"无"，即直接显示。

任务2　演示型多媒体课件页内动画效果的设置

各幻灯片页内动画效果可以通过"动画"选项栏进行设置，如图 2-34 所示。设置如"无""出现""淡出""飞入""浮入""劈裂""擦除""形状""轮子"等多种动画方式，可以设置动画"效果选项""添加动画""动画窗格""触发""动画刷""开始""持续时间""延迟""对动画重新排序"等。

图 2-34 "动画"选项栏

视频讲解

下面对"三角形的中位线"说课多媒体课件各幻灯片进行页内动画设置。

(1)"封面"页:不设置任何动画效果。

(2)"目录"页:不设置任何动画效果。

(3)"教材分析""学情分析""教学目标""教学方法""教学过程""教学效果"页:

① 直线上方的大标题"一、教材分析""二、学情分析""三、教学目标""四、教学方法""五、教学过程""六、教学效果"和幻灯片左部的六个"矩形"形状不设置任何动画效果。

② 页内其他内容:根据教学内容、讲解顺序设置动画效果,以及"效果选项"。

(4)"教学重难点"页:直线上方的大标题(教学重难点)不设置任何动画效果。页内其他内容根据教学内容、讲解顺序设置动画效果,以及"效果选项"。

(5)教学过程的"情境引入""学习定义""探究证明""定理揭示""问题解决""巩固训练""课堂小结""板书设计"页:

① 直线上方的大标题"(一)情境引入""(二)学习定义""(三)探究证明""(四)定理揭示""(五)问题解决""(六)巩固训练""(七)课堂小结""(八)板书设计"不设置任何动画效果。

② 页内其他内容:根据教学内容、讲解顺序设置动画效果,以及"效果选项"。

(6)"封底"页:不设置任何动画效果。

 项目小结

本项目通过 2 个任务学习了演示型多媒体课件动画效果的设置,帮助读者掌握演示型多媒体课件页间切换动画效果和页内动画效果的设置方法。

项目 2.4　演示型多媒体课件的播放与打包

演示型多媒体课件经过创建、编辑和动画效果设置等操作已经完成,接下来就是演示型多媒体课件的播放与打包操作了。多媒体课件的播放操作主要进行放映方式的设置和黑(白)屏操作两方面;多媒体课件的打包操作主要考虑到完成的课件可能在其他计算机上放映,如果该计算机中未安装 PowerPoint 应用程序或者课件中使用的链接文件或 TrueType 字体在该计算机上不存在,则无法保证课件的正常播放,因此,一般在制作课件的计算机上将课件打包,然后在播放课件的计算机上运行。本项目继续以制作"三角形的中位线"说课课件为例,通过演示型多媒体课件的播放操作和打包操作任务的学习与实践,帮助读者掌握演示型多媒体课件的播放与打包的操作方法。

项目目标

- 掌握演示型多媒体课件播放操作方法。
- 掌握演示型多媒体课件打包操作方法。

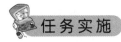

任务 1　演示型多媒体课件播放操作

(1) 演示型多媒体课件放映方式的设置。

单击"幻灯片放映"→"设置幻灯片放映"按钮,弹出"设置放映方式"对话框,如图 2-35 所示。可以选择"放映类型""放映选项""放映幻灯片"数量和"换片方式"等。

视频讲解

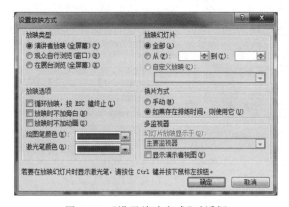

图 2-35　"设置放映方式"对话框

(2) 黑(白)屏操作。

有时希望在多媒体课件播放时能够暂停,使听众转向黑板或其他地方,可以在播放时按 W 键,使屏幕变成白屏;按 B 键,使屏幕变成黑屏;按任意键可以取消暂停,继续播放课件。

视频讲解

任务 2　演示型多媒体课件打包操作

(1) 打开准备打包的课件"三角形的中位线"说课课件,选择"文件"→"保存并发送"→"将演示文稿打包成 CD"→"打包成 CD"命令,弹出"打包成 CD"对话框,如图 2-36 所示。

视频讲解

图 2-36　"打包成 CD"对话框

(2)如果还有要同时打包的文件,单击"添加"按钮,选择文件将其添加。

(3)单击"选项"按钮,弹出"选项"对话框,如图 2-37 所示。勾选"链接的文件"和"嵌入的 TrueType 字体"复选框,单击"确定"按钮。

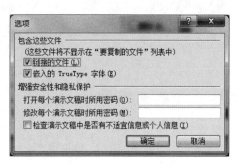

图 2-37　"选项"对话框

(4)如果不想将文件打包成 CD,可以单击"复制到文件夹"按钮,弹出"复制到文件夹"对话框,如图 2-38 所示。修改文件夹名称和保存位置,单击"确定"按钮进行打包。

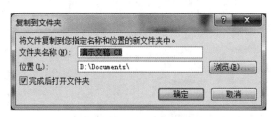

图 2-38　"复制到文件夹"对话框

项目小结

本项目通过 2 个任务学习了演示型多媒体课件播放和打包操作,帮助读者掌握演示型多媒体课件设置播放和打包的方法。

模块三 交互型多媒体课件设计与制作

人机交互是指人与计算机之间使用某种对话手段,以一定交互方式,为完成确定任务而进行的人机之间信息交换的过程。人机交互方式是指人机之间交互信息的组织形式或语言方式,又称为对话方式、交互技术等。人机通过不同的人机交互方式实际完成人向计算机输入信息以及计算机向人输出信息的工作,目前常用的人机交互方式有:问答式对话、菜单技术、命令语言、填表技术、查询语言、自然语言、图形方式及直接操纵等。

交互型多媒体课件是一种能够自由控制转向到某一特定内容的多媒体课件,这种模式的课件在课堂教学中,操控灵活、形式多样,有助于学生对某些知识点加强学习和掌握。交互型多媒体课件的制作原则:优化教学结构、可操作性强、内容科学合理、版面简约、艺术展示、信息量适度等。

交互型多媒体课件制作工具有很多,其中,Authorware 是一种流程图式多媒体制作软件。本模块通过顺序运行方式多媒体课件的设计与制作、动画展示类多媒体课件的设计与制作、交互功能类多媒体课件的设计与制作、结构化交互型多媒体课件设计与制作、交互型多媒体课件的打包与发布五个项目,介绍 Authorware 7.0 软件关于交互型多媒体课件的设计与制作技术。

知识树

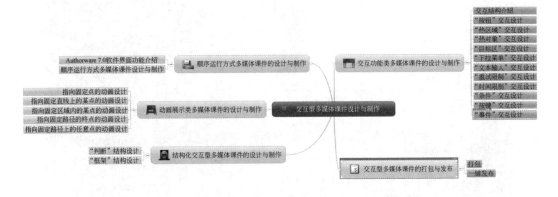

项目 3.1 顺序运行方式多媒体课件的设计与制作

顺序运行方式多媒体课件是最基本的课件类型,主要通过"显示""等待""擦除"和"计

算"等图标的设置,实现课件顺序运行。这种类型的课件也属于演示型多媒体课件,但运行效果优于利用 PowerPoint 软件制作的演示文稿。本项目通过 Authorware 7.0 软件界面功能介绍、顺序运行方式多媒体课件制作两个任务的学习与实践,帮助读者熟悉 Authorware7.0 软件界面功能,掌握顺序运行方式多媒体课件的制作技术。

项目目标

- 熟悉 Authorware 7.0 软件的界面功能。
- 掌握顺序运行方式交互型多媒体课件的制作技术。

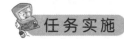

任务实施

视频讲解

任务1 Authorware 7.0 软件界面功能介绍

打开 Authorware 7.0 软件,其"新建"文件界面如图 3-1 所示。其中,"新建"窗口是利用知识对象创建新文件的,一般不使用它,单击"取消"或"不选"按钮,打开 Authorware 7.0 的工作界面,如图 3-2 所示。

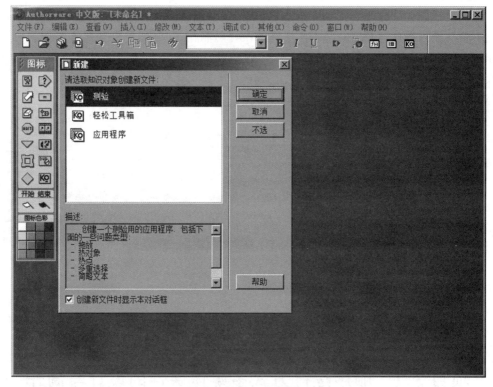

图 3-1 "新建"文件界面

(1)"图标"面板。

"图标"面板是 Authorware 特有的面板,它提供了进行多媒体创作的基本单元—图标,每个图标都具有其独特的功能,如表 3-1 所示。

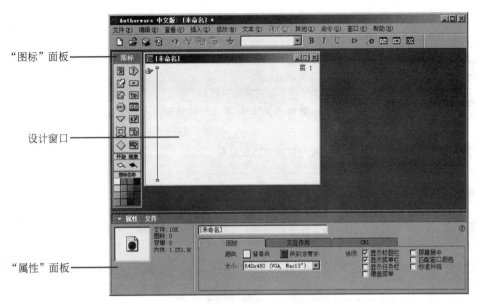

图 3-2 Authorware 7.0 软件界面

表 3-1 "图标"面板功能简介

按钮	名称	功能
	显示图标	显示文字、图形、图像等,这些文字或图形、图像可以从外部导入,也可以直接用 Authorware 提供的绘图工具创建
	移动图标	使选定图标中的内容(文字、图片、动画等)实现简单的路径动画,有五种运动方式
	擦除图标	擦除选定图标中的文字、图形图像等
	等待图标	使程序暂停,直到设计者设定的响应条件得到满足为止
	导航图标	用于建立超级链接,实现超媒体导航
	框架图标	交互图标与导航图标的结合,可以制作翻页结构或超文本链接
	判断图标	按照设定方式确定流程沿着哪个分支运行
	交互图标	提供用户响应,实现人机交互,共提供了 11 种交互类型,使人机交互的方式更加多样化
	计算图标	是存放程序的地方,如在计算图标中可以为变量赋值、运行系统函数等
	群组图标	设计窗口的大小是有限的,太多的图标放在同一条流程线上不利于程序的优化。通过群组图标可以把流程线上的多个图标组合到一起,形成下一级设计窗口,从而缩短流程线并进行模块设计

续表

按钮	名称	功能
	数字电影图标	又称为动画图标,利用它可以播放 AVI、FLI、EC、MOV 等格式的数字电影和动画
	声音图标	可以播放声音文件,并且可以对播放方式进行控制
	DVD 图标	控制外接视频播放设备
	知识对象图标	用于在知识对象向导下指定对象
	流程起始标志旗	用于程序的调试。把此标志放在流程线上,当运行程序时,会从标记所在处开始运行
	流程停止标志旗	用于程序的调试。把此标志放在流程线上,当运行程序时遇到这个标志会立即停止运行
	调色板	用来为图标着色,可以让程序开发者方便地区分各类图标,它对程序的运行没有影响

(2) 设计窗口。

设计窗口是进行 Authorware 程序设计的基本操作窗口,如图 3-3 所示。

图 3-3 设计窗口

窗口左侧一条贯穿上下的直线叫作流程线,程序的设计必须在流程线上进行。窗口右上角的"层 1"字样,表明当前窗口是第一层。若流程线上添加"群组"图标,双击打开该"群组"图标后,其窗口会有"层 2"字样,表明该窗口是第二层,是由第一层派生出来的,以此类推。

(3) "属性"面板。

"属性"面板位于软件界面的最下方,不同的对象有不同的"属性"面板。"属性"面板用于对文件、图标属性进行设置。选择"修改"→"文件"→"属性"命令,打开文件属性面板,如图 3-4 所示。

(4) 图标的使用。

首先将要使用的图标拖放至流程线上,并给图标命名(一个程序中的各个图标名称最好

图 3-4 文件属性面板

不要相同,否则,在实现图标调用时,存在相同图标名称,会产生错误),接着编辑图标内部信息,最后设置各图标的属性。

任务2 顺序运行方式多媒体课件设计与制作

顺序运行方式多媒体课件主要通过"显示""等待""擦除"和"计算"等图标的设置,达到顺序运行的目的。

实例1:顺序浏览素描画。

1.新建文件

选择"文件"→"新建"→"文件"命令,弹出"新建"对话框,如图3-5所示。单击"取消"或"不选"按钮,进入设计窗口界面。

2.设置演示窗口的大小

选择"修改"→"文件"→"属性"命令,打开文件属性面板,如图3-4所示。单击"大小"后面的下三角按钮,弹出设置大小列表,如图3-6所示。根据多媒体课件的内容需要,选择合适的演示窗口大小。本实例演示窗口设置为640×480。

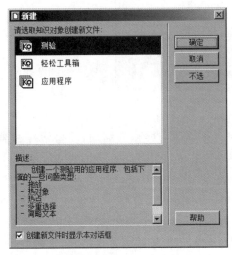

图 3-5 "新建"对话框

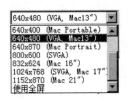

图 3-6 设置大小列表

3.设计顺序浏览程序

操作步骤如下。

(1)导入图片并输入文字。在设计窗口中拖放4个"显示"图标到流程线上,分别命名为"甘蓝""梨""青椒"和"西红柿"。双击"甘蓝"显示图标,打开"演示窗口",如图3-7所示。

单击常用工具栏中的"导入"按钮,选择"甘蓝"图片,导入该图片。选中图片,拖动句柄调整图片大小,以适合演示窗口为宜(调整时,按住 Shift 键拖动四角上的句柄,不改变图片的长宽比。首次调整时,会弹出一个警告,如图 3-8 所示,单击"确定"按钮即可)。选择工具面板中的"文本"工具,单击"甘蓝"图片,输入"甘蓝"两字,调整文本框大小及位置。单击"色彩"框中的线条文本色工具,设置文字颜色为黑色(默认),再单击"模式"框中的"透明"选项设置为透明背景。选择"文本"菜单下的各命令,设置字体、字号、风格、对齐方式等,如图 3-9 所示。

视频讲解

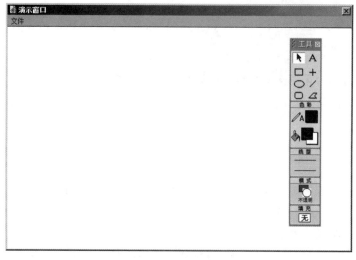

图 3-7 演示窗口

图 3-8 警告

注意,演示窗口处于编辑状态下,利用工具栏还可以绘制几何图形、设置线条或填充颜色、设置线型和模式、设置自填充样式等。

同理导入"梨""青椒"和"西红柿"图片。

单击常用工具栏中的"运行"按钮,运行程序,会发现 4 张图片快速播放,最终只显示第 4 张图片,如图 3-10 所示。

(2) 设置等待。操作步骤(1)设置完成后运行,不能按张浏览素描画,这时可以通过"等待"图标设置按张浏览。

在每个"显示"图标后,各拖放一个"等待"图标,如图 3-11 所示。设置所有"等待"图标属性,如图 3-12 所示。

单击常用工具栏中的"运行"按钮,运行程序,通过单击鼠标,播放下一张图片。

(3) 设置"显示"图标显示特效。选中"甘蓝"显示图标,在其"属性"面板中单击"特效"后面的 按钮,弹出"特效方式"对话框,如图 3-13 所示,选中一种"特效"方式。

视频讲解

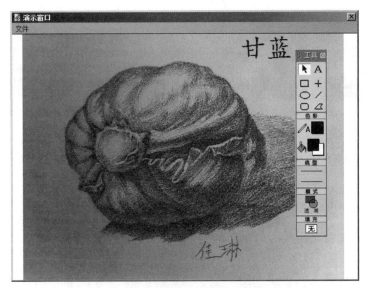

图 3-9 导入图片和输入文字

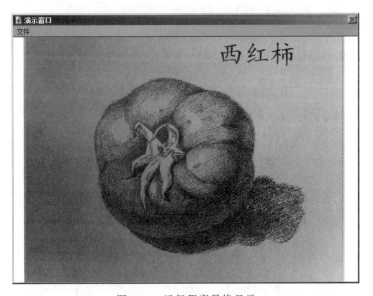

图 3-10 运行程序最终显示

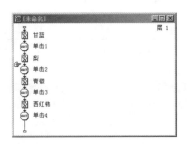

图 3-11 拖放"等待"图标

模块三 交互型多媒体课件设计与制作

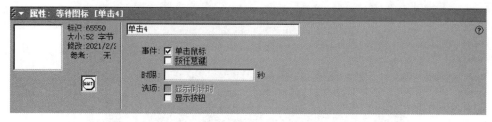

图 3-12 设置"等待"图标属性

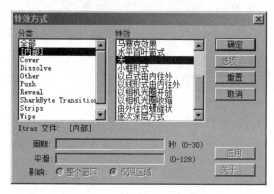

图 3-13 "特效方式"对话框

同理,设置"梨""青椒"和"西红柿"显示图标的特效。

(4) 设置"擦除"特效。操作步骤(3)对各"显示"图标设置了显示特效,下面进行显示图标的"擦除"特效。在每一个"等待"图标下面各拖放一个"擦除"图标,分别命名为"擦除甘蓝""擦除梨""擦除青椒"和"擦除西红柿",如图 3-14 所示。

视频讲解

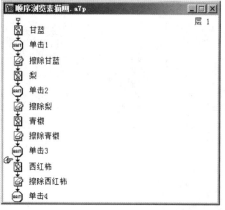

图 3-14 拖放"擦除"图标

单击常用工具栏中的"运行"按钮,运行程序,遇到"擦除甘蓝"擦除图标时,弹出擦除图标属性面板,如图 3-15 所示。单击要擦除的对象"甘蓝"图片,并单击"特效"后面的■按钮,弹出"特效方式"对话框,如图 3-13 所示,选中一种"特效"方式。再次运行程序,同理设置"梨""青椒"和"西红柿"显示图标的擦除特效。

(5) 设置"退出"操作。通过操作步骤(1)~(4)已经完成了顺序浏览素描画的设置,下

图 3-15　擦除图标属性面板

面设置"退出"操作。在"擦除西红柿"擦除图标下面拖放一个"显示"图标,命名为"提示"。在"提示"显示图标演示窗口中输入"单击鼠标或等待 3s 后退出!"。在"提示"显示图标的下面再拖放一个"等待"图标,命名为"单击或 3s",设置"单击或 3s"等待图标属性如图 3-16 所示。

视频讲解

图 3-16　设置"单击或 3s"等待图标属性

在"单击或 3s"等待图标下面再拖放一个"计算"图标,命名为"退出"。双击"退出"计算图标,打开"退出"编辑窗口,输入"quit( )"函数,如图 3-17 所示。关闭"退出"编辑窗口,弹出一个"提问"对话框,询问是否保存对计算图标的更改,单击"是"按钮,如图 3-18 所示。

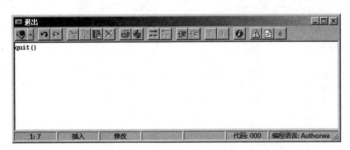

图 3-17　"退出"计算图标编辑窗口

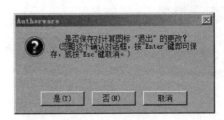

图 3-18　"提问"对话框

至此,顺序浏览程序设计完成,程序流程如图 3-19 所示。

注意,所有在"计算"图标编辑窗口中输入的非直接显示的标点符号,均为英文输入法状

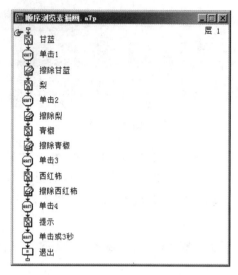

图 3-19　程序流程

态下的标点符号,否则系统将提示出错。

4. 保存程序文件

选择"文件"→"保存"或"另存为"命令,弹出"保存文件为"对话框,如图 3-20 所示。输入文件名"顺序浏览素描画",设置好保存路径,单击"保存"按钮即可保存文件为"顺序浏览素描画.a7p"。

图 3-20　"保存文件为"对话框

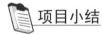项目小结

本项目通过 2 个任务的学习与实践,帮助读者熟悉了 Authorware 7.0 软件界面功能,掌握了顺序运行方式多媒体课件的制作技术。

项目 3.2　动画展示类多媒体课件的设计与制作

动画展示是当前流行的课件最大特点之一,Authorware 7.0 软件提供"移动"图标,"移动"图标支持"指向固定点""指向固定直线上的某点""指向固定区域上的某点""指向固定路径上的终点"和"指向固定路径上的任意点"5 种动画类型。本项目通过指向固定点的动画设计、指向固定直线上的某点的动画设计、指向固定区域上的某点的动画设计、指向固定路径上的终点的动画设计和指向固定路径上的任意点的动画设计 5 个任务的学习与实践,帮助读者掌握动画展示类多媒体课件的设计与制作技术。

掌握动画展示类多媒体课件的设计与制作技术。

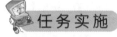

任务 1　指向固定点的动画设计

"指向固定点"的动画是指在"移动"图标的控制下,被控制对象从一点沿某直线移动到另外一点,如图 3-21 所示。

实例 1:三辆赛车沿直线赛道从甲地到乙地的动画设计。

操作步骤如下。

1. 基本准备

(1) 新建一文件,设置演示窗口大小为 800×600px,并保存,命名为"赛车动画设计.a7p"。

图 3-21　"指向固定点"的动画

视频讲解

(2) 设置"赛道"背景。拖放"显示"图标到流程线上,命名为"赛道"。使用"直线"工具绘制三条直线作为赛道,并上下均匀排列。赛道两端输入"甲地"和"乙地",并设置文本格式,如图 3-22 所示。"赛道"在程序运行过程中是静止不动的,在"赛道"显示图标上右击,选择弹出的快捷菜单中的"计算"命令,弹出"赛道"计算窗口,输入"Movable:=0",关闭该计算窗口,会发现"赛道"显示图标左上角多了一个"=",这就是"附属计算"图标。

注意,Movable 是一个系统变量,用于设置显示的对象是否可移动的,":="是赋值运算符,赋值为 0,表示显示的对象不能移动,赋值为 1,表示显示的对象能移动。

(3) 将"赛车 1.gif""赛车 2.gif"和"赛车 3.gif"图片导入到流程线上,分别命名为"赛车 1""赛车 2"和"赛车 3",调整赛车图片大小和摆放位置,并设置"透明"模式,如图 3-23 所示。

2. 动画设计

(1) 拖放三个"移动"图标到流程线上,分别命名为"移动赛车 1""移动赛车 2"和"移动赛车 3"。

视频讲解

图 3-22 "赛道"背景设置

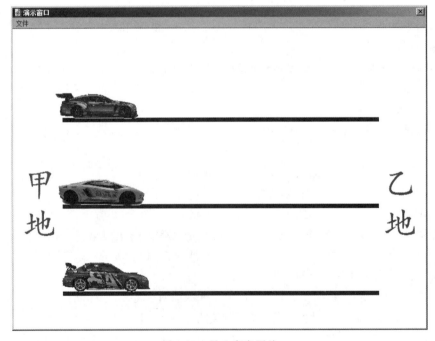

图 3-23 导入赛车图片

(2)单击常用工具栏中的"运行"按钮,运行程序,首先弹出"移动赛车 1"移动图标属性面板,如图 3-24 所示。选择"指向固定点"动画类型,单击"赛车 1"图片作为被控制对象,再拖动"赛车 1"图片到"乙地","定时"设置为"时间(秒)",3","运行方式"设置为"等待直到完成"。

图 3-24 "移动赛车 1"移动图标属性面板

(3) 单击常用工具栏中的"运行"按钮,运行程序,可以看到"赛车 1"从"甲地"行驶到"乙地",用时 3 秒。接着弹出"移动赛车 2"移动图标属性面板,同理设置即可。

(4) 同理设置"移动赛车 3"移动图标属性。

3. 同时移动设计

单击常用工具栏中的"运行"按钮,运行程序,可以看到三辆赛车依次进行移动,并非同时移动。设置同时移动的方法如下:将"移动赛车 1"和"移动赛车 2"移动图标属性面板的"运行方式"设置为"同时","移动赛车 3"移动图标属性面板的"运行方式"还是保留原有设置。再次单击常用工具栏中的"运行"按钮,运行程序,可以看到三辆赛车同时移动了。

注意,"运行方式"的设置选项决定其后面的图标运行情况。

4. 程序"退出"设置

拖放一个"等待"图标到流程线上,命名为"单击",该"等待"图标属性面板设置"事件"为"单击鼠标",再拖放一个"计算"图标,命名为"退出"。双击"退出"图标,输入"quit()"函数。

5. 保存程序文件

所有图标设置完成,整个程序流程图如图 3-25 所示。选择"文件"→"保存"或"另存为"命令保存程序文件。

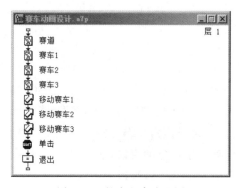

图 3-25 整个程序流程图

任务 2　指向固定直线上的某点的动画设计

"指向固定直线上的某点"的动画是指在"移动"图标的控制下,被控制对象从一点移动到指定直线上的某点,如图 3-26 所示。

实例 2:随机套圈的动画设计。

操作步骤如下。

图 3-26 "指向固定直线上的某点"的动画

1. 基本准备

(1) 新建一文件,设置演示窗口大小为 800×600px,并保存,命名为"随机套圈.a7p"。

(2) 将"钢圈.gif""小泰迪.gif""小熊熊.gif"和"小猪猪.gif"图片导入到流程线上,分别命名为"钢圈""小泰迪""小熊熊"和"小猪猪",调整上述图片的大小和摆放位置,并设置"透明"模式,如图 3-27 所示。

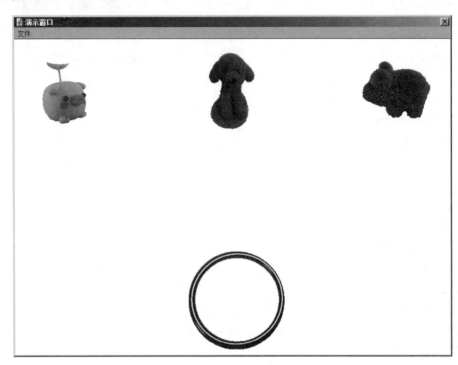

图 3-27 导入图片

2. 动画设计

(1) 拖放一个"移动"图标到流程线上,命名为"套圈"。单击常用工具栏中的"运行"按钮,运行程序,弹出"套圈"移动图标属性面板,如图 3-28 所示。选择"指向固定直线上的某点"动画类型,单击"钢圈"图片作为被控制对象,单击"基点",设置值为"1",并拖动"钢圈"到"小猪猪"图片上;单击"终点",设置值为"3",并拖动"钢圈"到"小熊熊"图片上,这时会看到从"小猪猪"到"小熊熊"图片有一条灰色的直线,这条直线即为钢圈要停止的位置,如图 3-29 所示。单击"目标",设置值为"random(1,3,1)"。"定时"设置为"时间(秒),3","运行方式"设置为"等待直到完成","远端范围"设置为"在终点停止",如图 3-29 所示。

图 3-28 "套圈"移动图标属性面板

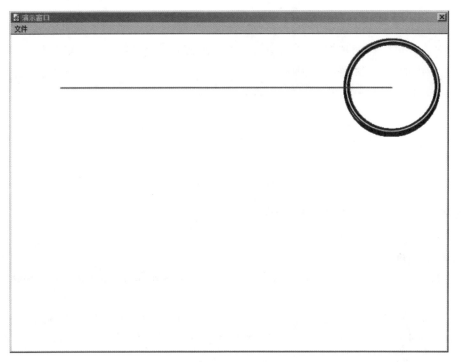

图 3-29 "套圈"要停止的灰色直线

注意,random()为随机函数,"random(1,3,1)"的含义是以 1 为步长,随机地从 1~3 中取出一个整数。

(2)单击常用工具栏中的"运行"按钮,运行程序,可以看到"套圈"随机地套住某一个小动物。

3. 程序"退出"设置

拖放一个"等待"图标到流程线上,命名为"单击",该"等待"图标属性面板设置"事件"为"单击鼠标",再拖放一个"计算"图标,命名为"退出"。双击"退出"计算图标,输入"quit()"函数。

4. 保存程序文件

所有图标设置完成,整个程序流程图如图 3-30 所示。选择"文件"→"保存"或"另存为"命令保存程序文件。

图 3-30 整个程序流程图

任务 3　指向固定区域内的某点的动画设计

"指向固定区域内的某点"的动画是指在"移动"图标的控制下,被控制对象从一点移动到指定区域内的某点,如图 3-31 所示。

图 3-31　"指向固定区域内的某点"的动画

实例 3：运动不止的小球动画设计。

操作步骤如下。

1. 基本准备

(1) 新建一文件,设置演示窗口大小为 640×480px,并保存,命名为"运动不止的小球.a7p"。

(2) 拖放一个"显示"图标到流程线上,命名为"围墙",双击打开"围墙"显示图标,绘制围墙如图 3-32 所示。"围墙"在程序运行过程中是静止不动的,给"围墙"显示图标加"附属计算"图标,输入"Movable：=0",使"围墙"静止不动。

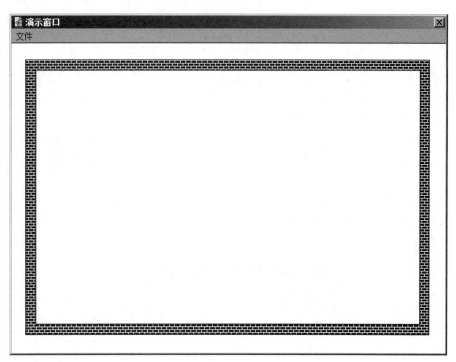

图 3-32　围墙

(3) 导入"小球.gif"图片到流程线上,命名为"小球",调整小球大小和位置,并设置为"透明"模式,如图 3-33 所示。

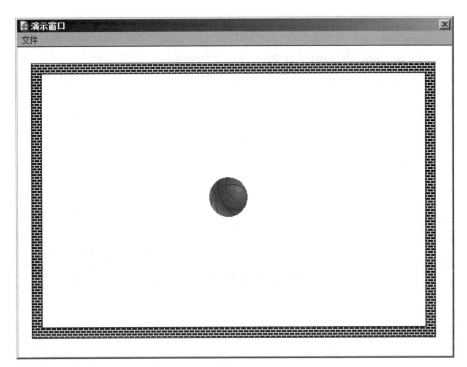

图 3-33 导入小球

2．动画设计

（1）拖放一个"移动"图标到流程线上，命名为"小球运动"。

单击常用工具栏中的"运行"按钮，运行程序，弹出"小球运动"移动图标属性面板，如图 3-34 所示。选择"指向固定区域内的某点"动画类型，单击"小球"图片作为被控制对象，单击"基点"，设置 X、Y 的值均为 0，并拖动"小球"到"围墙"图片左上角；单击"终点"，设置 X、Y 的值均为"100"，并拖动"小球"到"围墙"图片右下角，这时会看到"围墙"内部有一个灰色矩形框，这个矩形框即为"小球"要停止的区域，如图 3-35 所示。单击"目标"，设置 X、Y 的值均为"random(0,100,1)"。"定时"设置为"时间(秒),1"，"运行方式"设置为"等待直到完成"，"远端范围"设置为"在终点停止"。

视频讲解

图 3-34 "小球"移动图标属性面板

（2）拖放一个"计算"图标到流程线上，命名为"循环"。双击打开"循环"计算图标，输入"GoTo(IconID@"小球运动")"函数。

注意，当程序遇到 GoTo 函数时，将跳到在 IconTitle 中指定的图标继续运行。

（3）单击常用工具栏中的"运行"按钮，运行程序，可以看到"小球"随机地在"围墙"内不

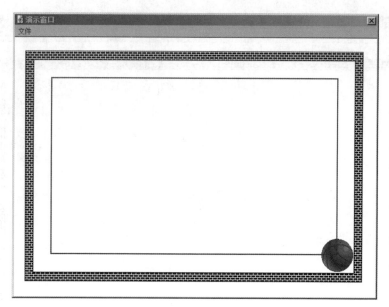

图 3-35 "小球"要停止的矩形区域

停地运动。

3. 保存程序文件

所有图标设置完成,整个程序流程图如图 3-36 所示。选择"文件"→"保存"或"另存为"命令保存程序文件。

图 3-36 整个程序流程图

任务 4 指向固定路径的终点的动画设计

"指向固定路径的终点"的动画是指在"移动"图标的控制下,被控制对象从一点沿着绘制的路径移动到该路径终点,如图 3-37 所示。

图 3-37 "指向固定路径的终点"的动画

实例 4:小黄鸭水中游的动画设计。

操作步骤如下。

1. 基本准备

（1）新建一文件，设置演示窗口大小为 800×600px，并保存，命名为"小黄鸭水中游.a7p"。

（2）将"水心榭.jpg"和"小黄鸭.gif"图片导入到流程线上，分别命名为"水心榭"和"小黄鸭"，调整"小黄鸭"大小和位置，并设置为"透明"模式，如图 3-38 所示。给"水心榭"显示图标加"附属计算"图标，输入"Movable：=0"，使"水心榭"静止不动。

图 3-38　导入"水心榭"和"小黄鸭"

2. 动画设计

拖放一个"移动"图标到流程线上，命名为"水中游"。单击常用工具栏中的"运行"按钮，运行程序，弹出"水中游"移动图标属性面板，如图 3-39 所示。选择"指向固定路径的终点"动画类型，单击"小黄鸭"图片作为被控制对象，会看到"小黄鸭"图片中部有一个"▲"，这是路径的起点，拖动"小黄鸭"图片，创建任意路径如图 3-40 所示。双击路径上的小三角，小三角会变为小圆形，折线路径转换为弧线路径，如图 3-41 所示。"定时"设置为"速率（sec/in），1"，"运行方式"设置为"等待直到完成"，"移动当"默认为空白。

图 3-39　"水中游"移动图标属性面板

图 3-40 折线路径

图 3-41 弧线路径

3. 保存程序文件

所有图标设置完成,整个程序流程图如图 3-42 所示。选择"文件"→"保存"或"另存为"命令保存程序文件。

图 3-42　整个程序流程图

实例 5：小球几何运动的动画设计。

操作步骤如下。

1．基本准备

（1）新建一文件，设置演示窗口大小为 640×480px，并保存，命名为"小球几何运动.a7p"。

（2）将"小球.gif"图片导入到流程线上，命名为"小球"，调整"小球"大小和位置，并设置为"透明"模式，如图 3-43 所示。

视频讲解

图 3-43　导入"小球"

2．动画设计

（1）正圆运动。

拖放一个"移动"图标到流程线上，命名为"正圆运动"。单击常用工具栏中的"运行"按钮，运行程序，弹出"正圆运动"移动图标属性面板，如图 3-44 所示。选择"指向固定路径的终点"动画类型，单击"小球"图片作为被控制对象，会看到"小球"图片中部有一个"▲"，这是路径的起点，拖动"小球"图片到另外一点，再拖动"小球"到第三点，如图 3-45 所示。

双击路径中间的"小三角"，折线路径和转换为弧线路径，再拖动路径终点的"小三角"与路径起点的"小三角"完全重合，创建正圆路径如图 3-46 所示。

（2）螺旋运动。

拖放一个"等待"图标到流程线上，命名为"单击"，并设置其属性面板"事件"为"单击鼠标"。再拖放一个"移动"图标到流程线上，命名为"螺旋运动"。

视频讲解

图 3-44 "正圆运动"移动图标属性面板

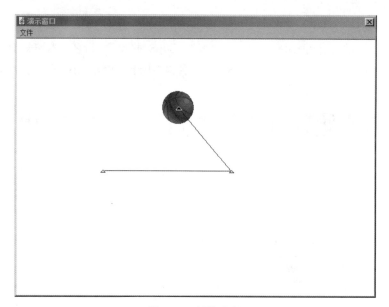

图 3-45 折线路径

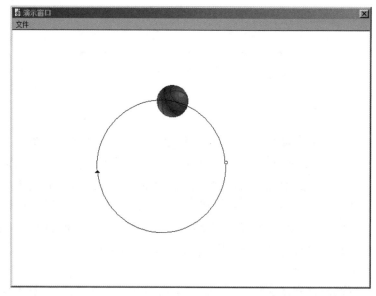

图 3-46 正圆路径

单击常用工具栏中的"运行"按钮,运行程序,弹出"螺旋运动"移动图标属性面板,如图 3-47 所示。选择"指向固定路径的终点"动画类型,单击"小球"图片作为被控制对象,拖动"小球"图片,创建折线路径如图 3-48 所示。双击路径上的小三角,折线路径转换为螺旋路径,如图 3-49 所示。

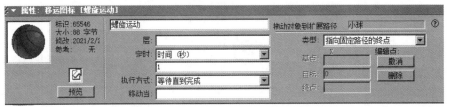

图 3-47 "螺旋运动"移动图标属性面板

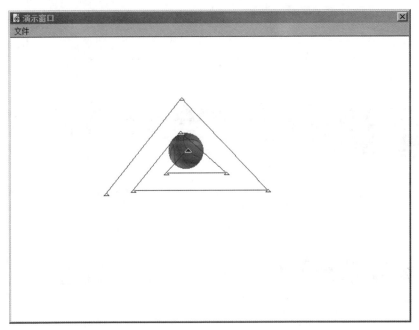

图 3-48 折线路径

(3) 抛物运动。

复制上一个"等待"图标到流程线上,再拖放一个"移动"图标到流程线上,命名为"抛物运动"。单击常用工具栏中的"运行"按钮,运行程序,弹出"水中游"移动图标属性面板,如图 3-50 所示。选择"指向固定路径的终点"动画类型,单击"小球"图片作为被控制对象,会看到"小球"图片中部有一个"▲",拖动该"▲"到演示窗口左侧,再拖动"小球"图片,创建折线路径如图 3-51 所示。双击路径靠上边的小三角,折线路径转换为抛物路径,如图 3-52 所示。

3. 保存程序文件

所有图标设置完成,整个程序流程图如图 3-53 所示。选择"文件"→"保存"或"另存为"命令保存程序文件。

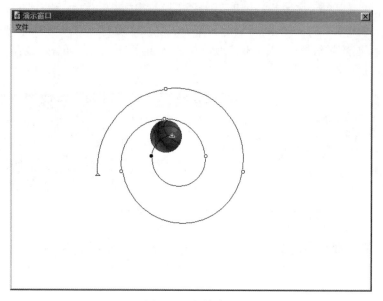

图 3-49　螺旋路径

图 3-50　"抛物运动"移动图标属性面板

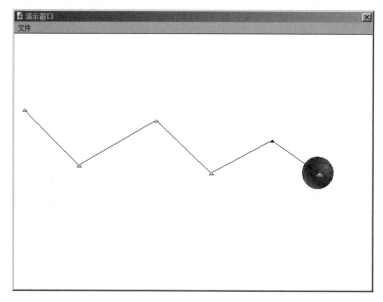

图 3-51　折线路径

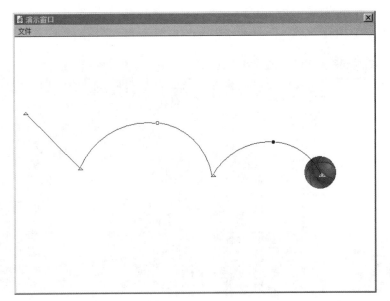

图 3-52 抛物路径

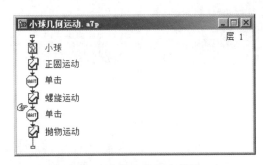

图 3-53 整个程序流程图

任务 5 指向固定路径上的任意点的动画设计

"指向固定路径上的任意点"的动画是指在"移动"图标的控制下,被控制对象从一点沿着绘制的路径移动到该路径上的任意点,如图 3-54 所示。

图 3-54 "指向固定路径上的任意点"的动画

实例 6:小狗随机停在格子上的动画设计。
操作步骤如下。

1. 基本准备

(1) 新建一文件,设置演示窗口大小为 800×600px,并保存,命名为"小狗停格子.a7p"。

（2）将"格子.jpg"和"小狗.gif"图片导入到流程线上，分别命名为"格子"和"小狗"，调整"格子"和"小狗"图片大小和位置，并设置为"透明"模式，如图3-55所示。

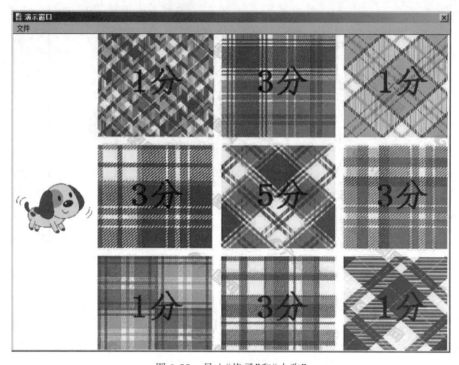

图3-55 导入"格子"和"小狗"

2. 动画设计

拖放一个"移动"图标到流程线上，命名为"小狗移动"。单击常用工具栏中的"运行"按钮，运行程序，弹出"小狗移动"移动图标属性面板，如图3-56所示。选择"指向固定路径上的任意点"动画类型，单击"小狗"图片作为被控制对象，会看到"小狗"图片中部有一个"▲"，这是路径的起点，拖动"小狗"图片，创建任意路径如图3-57所示。设置"基点"为"1"，"终点"为"50"，"目标"为"random(1,50,1)"，"定时"设置为"速率(sec/in)，1"，"运行方式"设置为"等待直到完成"，"远端范围"设置为"在终点停止"。

图3-56 "水中游"移动图标属性面板

3. 保存程序文件

所有图标设置完成，整个程序流程图如图3-58所示。选择"文件"→"保存"或"另存为"命令保存程序文件。

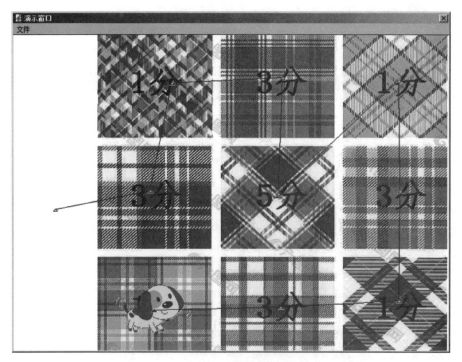

图 3-57　创建路径

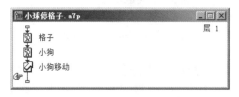

图 3-58　整个程序流程图

项目小结

本项目通过 5 个任务的学习与实践，帮助读者掌握了动画展示类多媒体课件的设计与制作技术。

项目 3.3　交互功能类多媒体课件的设计与制作

项目描述

多媒体课件的交互性是当前流行课件的最大特点之一，Authorware 具有双向信息传递方式，即不仅可以向用户演示信息，而且同时允许用户向程序传递一些控制信息，这就是交互性。它改变了用户只能被动接受的局面，用户可以通过键盘、鼠标等来控制程序的运行。Authorware 提供了"按钮""热区域""热对象""目标区""下拉菜单""条件""文本输入""按键""重试限制""时间限制"和"事件"11 种交互类型。本项目将针对上述 11 种交互类型，设置12个任务供读者学习与实践,帮助读者掌握交互功能类多媒体课件的设计与制作技术。

掌握交互功能类多媒体课件的设计与制作技术。

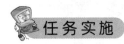

任务1 交互结构介绍

交互结构是由"交互"图标与附着在其上的一些处理交互结果的图标一起构成的,能够根据用户的响应选择正确的流程分支进行处理,还具有显示交互界面的能力。一个交互结构包括交互方法、响应和结果。

1. 交互结构的构建

拖放一个"交互"图标到流程线上,命名为"交互",再拖放一个"群组"图标到"交互"图标的右下方,屏幕弹出"交互类型"对话框,其中列出了11种交互类型,如图3-59所示。

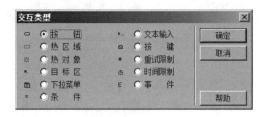

图3-59 "交互类型"对话框

选择其中一种交互类型后,单击"确定"按钮,即创建了具有一个分支的交互结构。继续拖放其他图标至交互图标右下方,可以创建更多的分支。以"按钮"为例的交互结构如图3-60所示。

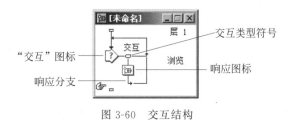

图3-60 交互结构

(1)"交互"图标。"交互"图标是交互结构的核心,所有的交互分支都是通过"交互"图标创建的。"交互"图标具有"显示"的功能,可以添加文本、图形、图像及变量、函数和表达式;还具有布局各交互分支的功能。

(2)交互类型符号。每个交互类型在流程线上都有唯一的符号,单击这些符号,可以设置对应的交互分支属性。

(3)响应图标。响应图标就是交互结构中的各响应分支图标,即选择某个交互后,程序对该交互的响应。可以直接作为交互响应图标的有"显示""擦除""等待""群组""移动""计算"和"导航图标"等,而"交互""框架"和"判断"图标需放置在"群组"图标内。另外,"群组"

图标支持"空"操作。

(4) 响应分支。响应分支决定各分支响应图标运行完成后按照"重试""继续""退出交互"和"返回"等分支向下进行。

2. 交互属性

单击交互结构的交互类型符号,打开该交互分支属性面板,如图 3-61 所示。第一个选项卡的名称即为交互响应类型的名称,如图 3-61 所示为"按钮"交互。

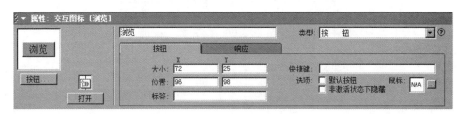

图 3-61　交互分支属性面板

第二个选项卡名称为"响应",对于任何交互类型都是一致的,如图 3-62 所示。

图 3-62　交互分支属性面板"响应"选项卡

(1) 范围:选中"永久"选项后,表示当前交互分支在整个程序或程序段运行期间都是可用的。

(2) 激活条件:用于设置响应的激活条件,条件可以使用常量、变量或表达式,只有当结果为"真(True)"时,响应才起作用。

(3) 擦除:确定分支响应图标运行完毕后,是否擦除该响应图标在演示窗口中显示的内容,有以下 4 种方式。

① 在下一次输入之后:响应图标运行完毕后,不是立即擦除显示内容,而是等用户选择其他交互后再擦除,这是默认选项。

② 在下一次输入之前:响应图标运行完毕后,立即擦除显示内容。

③ 在退出时:响应图标运行的内容将一直保留在屏幕上,直到退出交互时才擦除显示内容。

④ 不擦除:响应图标运行的内容将一直保留在屏幕上,直到使用一个"擦除"图标将其擦除。

(4) 分支:决定分支完成后程序的走向,响应分支决定了各分支响应图标运行完成后的走向,主要有"重试""继续""退出交互"和"返回"四种,如图 3-63 所示。

① 重试:分支运行完毕后,流程返回交互图标,等待下一次交互输入。

② 继续:分支运行完毕后,流程退回原处,继续判断下一个响应。

③ 退出交互:分支运行完毕后,流程退出该交互,继续运行该交互之后的内容。

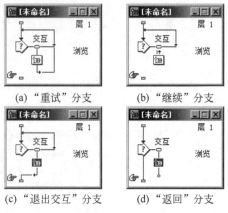

图 3-63 响应分支

④ 返回：只有当响应分支选定"永久"后，才可以设置该选项。分支运行完毕后，流程返回到该响应图标，可以继续运行。

(5) 状态：用于跟踪用户响应并判断和记录用户正确和错误的次数。

① 不判断：该选项为默认设置，不跟踪用户响应。

② 正确响应：选择此项，响应图标名称前会出现"＋"标志，程序跟踪用户的正确响应并对正确响应次数进行累加。

③ 错误响应：选择此项，响应图标名称前会出现"－"标志，程序跟踪用户的错误响应并对错误响应次数进行累加。

(6) 计分：用于记录用户的响应得分，可以输入数值或表达式。

任务 2 "按钮"交互设计

"按钮"交互是最常用的交互类型，也是最基本的交互功能之一。

实例 1：升降国旗。

要求：单击"升旗"按钮，国旗上升；单击"降旗"按钮，国旗下降。

操作步骤如下。

1. 基本准备

视频讲解

(1) 新建一文件，设置演示窗口大小为 800×600px，并保存，命名为"升降国旗.a7p"。

(2) 将"操场.jpg"和"国旗.gif"图片导入到流程线上，分别命名为"操场"和"国旗"，调整"操场"和"国旗"图片大小和摆放位置，并设置"透明"模式，如图 3-64 所示。

2. 交互设计

视频讲解

(1) 拖放一个"计算"图标到流程线，命名为"赋初值"，即 x:=1,y:=0。

(2) 拖放一个"交互"图标到流程线上，命名为"升降国旗"。

(3) 拖动一个"群组"图标到交互图标右下方，选择"按钮"交互类型，命名为"升旗"，打开该"群组"图标，拖放一个"移动"图标到流程线上，命名为"向上"，设置"向上"移动图标，选择"指向固定点"的动画类型将"国旗"从旗杆底部移动至顶端。再拖放一个"计算"图标到流程线上，命名为"修改变量 1"，即：x:=0,y:=1。设置"升旗"交互图标属性中"激活条件"为"x=1"，如图 3-65 所示。

图 3-64 导入图片

图 3-65 设置"升旗"交互图标属性面板中的"激活条件"

(4) 同理,设置一个"降旗"群组图标,使"国旗"从顶端降下来,修改变量,x:=1,y:=0。设置"降旗"交互图标属性中"激活条件"为"y=1",如图 3-66 所示。

图 3-66 设置"降旗"交互图标属性面板中的"激活条件"

(5) 设置"退出"按钮。拖放一个"计算"图标到"降旗"群组图标的右侧,命名为"退出",在该"计算"图标编辑窗口输入"quit()"函数。

(6) 双击"升降国旗"交互图标,打开演示窗口,可以调整"升旗""降旗"和"退出"按钮的位置。

整个程序流程结构如图 3-67 所示。

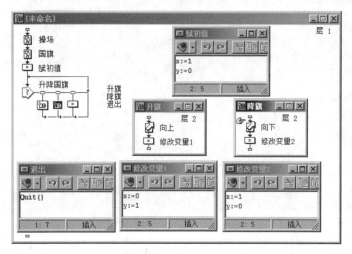

图 3-67　程序流程结构

运行并保存程序。最终运行效果如图 3-68 所示。

图 3-68　运行效果

3. 自定义按钮

本应用实例中使用的按钮是软件系统本身提供的,但是在多媒体课件的制作过程中,往往使用或设计具有特色的按钮,例如使用自己设计的按钮,并且使按钮按下时有声音,有外观图形化等特点。

(1) 使用软件系统提供的其他按钮。

打开"升降国旗.a7p"文件,单击"升旗"交互类型符号,弹出"属性"面板,单击"属性"面板中名称为"按钮..."的按钮,弹出"按钮"对话框,如图 3-69 所示。选择"标准 Windows 3.1 按钮",单击"确定"按钮。

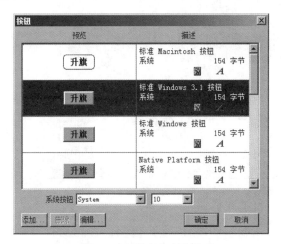

图 3-69 "按钮"对话框

同理设置"降旗"和"退出"按钮也为"标准 Windows 3.1 按钮",运行程序效果如图 3-70 所示。

图 3-70 运行程序效果

(2) 使用自己设计的按钮。

打开"升降国旗.a7p"文件,单击"升旗"交互类型符号,弹出"属性"面板,单击"属性"面板中名称为"按钮..."的按钮,弹出"按钮"对话框,如图 3-69 所示。单击"添加"按钮,弹出"按钮编辑"对话框,如图 3-71 所示。

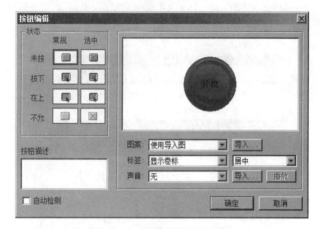

图 3-71 "按钮编辑"对话框

选择"常规"项中的"未按",导入"按钮 1.gif"图片,"标签"设置为"显示标签";在选择"常规"项中的"在上",导入"按钮 2.gif"图片,"标签"设置为"显示标签",单击"确定"按钮,返回到"按钮"对话框,再单击"确定"按钮即可。

同理,使用"按钮 3.gif"和"按钮 4.gif"设置"降旗"按钮;使用"按钮 5.gif"和"按钮 6.gif"设置"退出"按钮。

双击"升降国旗"交互图标,打开演示窗口,可以调整"升旗""降旗"和"退出"按钮的位置。

将自定义按钮的"升降国旗"程序另存为"升降国旗(自定义按钮).a7p"。运行效果如图 3-72 所示。

图 3-72 运行效果

任务3 "热区域"交互设计

"热区域"是指在演示窗口中定义的一个矩形区域,当用户单击、双击或鼠标指针处于指定区域内时,程序就会执行相应的交互分支。

实例2:学习唐宋八大家。

要求:把鼠标放在图片上,在图片下方显示其姓名;单击该图片,在图片下方显示其简介。

操作步骤如下。

1.基本准备

(1) 新建一文件,设置演示窗口大小为 800×600px,并保存,命名为"唐宋八大家.a7p"。

(2) 拖放一个"显示"图标到流程线上,命名为"背景"。打开该"显示"图标,输入文本"唐宋八大家",设置字体为"仿宋",字号为"25磅",居中对齐。

视频讲解

(3) 将唐宋八大家图片导入到流程线上,分别命名为"韩愈""柳宗元""欧阳修""苏洵""苏轼""苏辙""王安石"和"曾巩",调整所有图片大小和摆放位置等,如图 3-73 所示。

图 3-73 导入图片

2.交互设计

(1) 拖放一个"交互"图标到流程线上,命名为"唐宋八大家"。

(2) 拖动一个"显示"图标到交互图标右下方,选择"热区域"交互类型,命名为"韩愈姓名",打开该"显示"图标,输入"韩愈"。单击常用工具栏中的"运行"按钮,运行程序,单击"韩愈姓名"显示图标上方的"热区域"符号,调整演示窗口中"韩愈姓名"热区域与"韩愈"图片大小相同,如图 3-74 所示。在"韩愈姓名"交互图标属性面板中"匹配"选择"指针处于指定区域内","鼠标"选择"",如图 3-75 所示。再次弹出"运行"按钮,运行程序,将鼠标指针放在韩愈图片上面,会显示文字"韩愈",将文字"韩愈"拖放到韩愈图片下方。

图 3-74　演示窗口

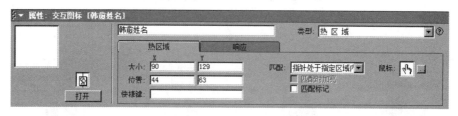

图 3-75　"韩愈姓名"交互图标属性面板

(3) 再拖放一个"显示"图标到"韩愈姓名"显示图标的右侧,命名为"韩愈简介",打开该"显示"图标,输入"韩愈(768—824 年),字退之,是唐代文学家、哲学家、思想家,河阳(今河南省焦作孟州市)人。祖籍河北昌黎,世称韩昌黎,晚年任吏部侍郎,又称韩吏部。谥号"文",又称韩文公。他与柳宗元同为唐代古文运动的倡导者,主张学习先秦两汉的散文语言,破骈为散,扩大文言文的表达功能。"。单击常用工具栏中的"运行"按钮,运行程序,单击"韩愈简介"显示图标上方的"热区域"符号,调整演示窗口中"韩愈简介"热区域与"韩愈"图片大小相同。在"韩愈简介"交互图标属性面板中"匹配"选择"单击",如图 3-76 所示。再次单击"运行"按钮,运行程序,单击韩愈图片,会显示韩愈的简介内容,将该内容拖放到韩愈图片下方。

(4) 同理,设置"柳宗元""欧阳修""苏洵""苏轼""苏辙""王安石"和"曾巩"的姓名和简介。双击"唐宋八大家"交互图标,打开其演示窗口,再按住 Shift 键,依次单击"韩愈""柳宗

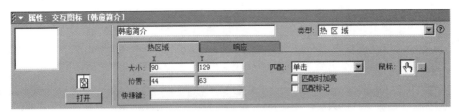

图 3-76 "韩愈简介"交互图标属性面板

元""欧阳修""苏洵""苏轼""苏辙""王安石"和"曾巩"等显示图标,显示热区域与图片的对应关系如图 3-77 所示。

图 3-77 热区域与图片的对应关系

(5)单击常用工具栏中的"运行"按钮,运行程序,发现将鼠标放在某图片上,则在其下方显示姓名,单击某图片,则显示其简介,同时也发现将鼠标放在某图片上或单击某图片后,再将鼠标移动到空白区域,显示内容不消失。要想将显示内容消失,则拖放一个"群组"图标到流程线上,命名为"取消显示",并调整该"热区域"大小与整个演示窗口大小相同。在"取消显示"交互图标属性面板中"匹配"选择"指针处于指定区域内","鼠标"选择"N/A",如图 3-78 所示。

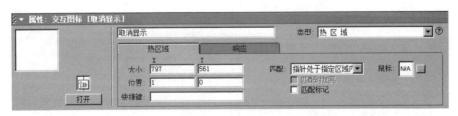

图 3-78 "取消显示"交互图标属性面板

注意，交互结构中响应图标的优先级：越靠近交互图标，其优先级越高。

双击"唐宋八大家"交互图标，打开其演示窗口，可以看到设置的所有热区域，如图 3-79 所示。

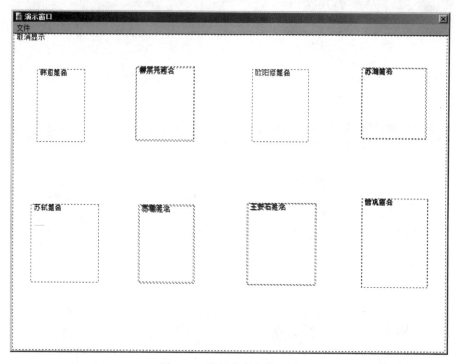

图 3-79　设置的所有热区域

（6）设置"退出"按钮。拖放一个"计算"图标到所有响应图标的最右侧，命名为"退出"，在该"计算"图标编辑窗口输入"quit()"函数。在其属性面板中选择"类型"为"按钮"，并调整按钮的大小和位置。

（7）整个程序流程结构如图 3-80 所示。

图 3-80　程序流程结构

（8）运行并保存程序。最终运行效果如图 3-81 所示。

(a) 鼠标放在图片上显示效果

(b) 单击图片显示效果

图 3-81　运行效果

任务4 "热对象"交互设计

"热区域"是一个矩形区域,"热区域响应"与图片显示无关,图片只是起到标识位置的作用;而"热对象"则是指在演示窗口中显示的一个实实在在的内容,可以是任意形状,用户通过单击、双击或指针在对象上激活相应的交互分支。

实例3:学习社会主义核心价值观。

要求:通过单击鼠标选择"社会主义核心价值观"的内容,将其进行归类。

操作步骤如下。

1. 基本准备

(1)新建一文件,设置演示窗口大小为800×600px,背景色设置为黄色,并保存,命名为"社会主义核心价值观.a7p"。

(2)拖放一个"显示"图标到流程线上,命名为"背景",打开该"显示"图标,输入"社会主义核心价值观""国家层面的价值目标""社会层面的价值取向"和"公民个人层面的价值准则",按适合演示窗口设置字号,"字体"设置为楷体,颜色设置为红色,"模式"为透明。绘制三个红色矩形框,如图3-82所示。

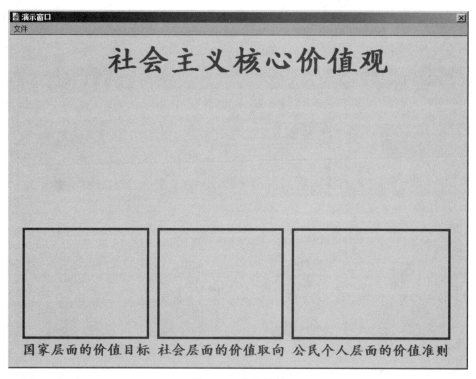

图3-82 背景界面

(3)拖放一个"群组"图标到流程线上,命名为"社会主义核心价值观的内容"。打开该"群组"图标,导入"富强.gif""民主.gif""文明.gif""和谐.gif""自由.gif""平等.gif""公正.gif""法治.gif""爱国.gif""敬业.gif""诚信.gif"和"友善.gif"图片,并以图片文件名称命名,删掉扩展名,调整各图片大小和位置,"模式"设置为"透明",如图3-83所示。

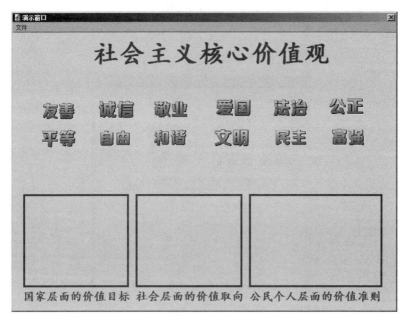

图 3-83 导入图片

2. 交互设计

(1) 拖放一个"交互"图标到流程线上,命名为"归类"。

(2) 拖动一个"移动"图标到交互图标右下方,选择"热对象"交互类型,命名为"移动富强"。单击常用工具栏中的"运行"按钮,运行程序,单击"移动富强"移动图标上方的"热对象"符号,设置"移动富强"交互图标属性面板,单击"富强"图片,将"富强"图片作为热对象,"匹配"选择"单击",如图 3-84 所示。

视频讲解

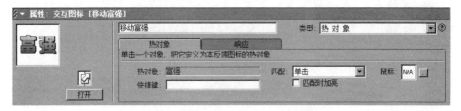

图 3-84 "移动富强"交互图标属性面板

(3) 单击"移动富强"移动图标,设置"移动富强"移动图标属性面板,"类型"选择"指向固定点",单击"富强"图片,将"富强"图片作为移动的控制对象,并将"富强"图片拖动至"国家层面的价值目标"上方的矩形框内,如图 3-85 所示。

图 3-85 设置移动图标属性

(4)同理,设置"民主""文明""和谐""自由""平等""公正""法治""爱国""敬业""诚信"和"友善"等图片的移动归类。

(5)整个程序流程结构如图 3-86 所示。

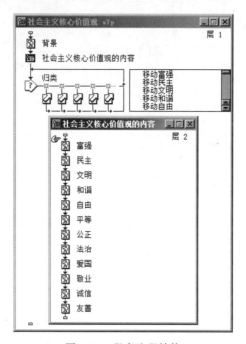

图 3-86　程序流程结构

(6)运行并保存程序。最终运行效果如图 3-87 所示。

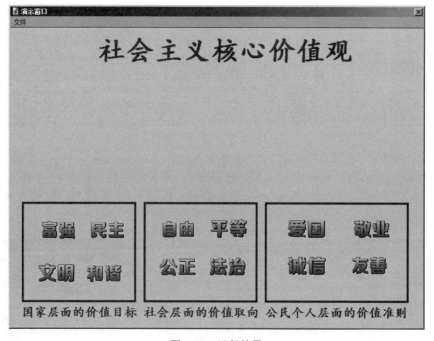

图 3-87　运行效果

任务5 "目标区"交互设计

"目标区"也是一个矩形区域,目标区交互是一种基于鼠标事件的交互响应方式。在该交互响应中,需要用户先创建一个目标区,然后,当用鼠标将某个显示对象拖动到目标区域后,即可实现目标区域响应。

实例4:装配"利用 $KMnO_4$ 制取氧气"的实验装置。

要求:按实验要求顺序,通过鼠标拖动实验仪器到实验桌面上方的相应位置,位置正确,则停留在此;位置不正确,则返回到原来位置。

操作步骤如下。

1. 基本准备

(1) 新建一文件,设置演示窗口大小为 800×600px,并保存,命名为"装配利用 $KMnO_4$ 制取氧气的实验装置.a7p"。

(2) 拖放一个"显示"图标到流程线上,命名为"背景",打开"背景"显示图标,输入"实验仪器准备区"和"装配实验装置区",并按适合演示窗口设置字号,"字体"设置为楷体,颜色设置为红色,并绘制红色分隔线。然后导入"实验桌面"和"参考图"图片,并调整图片大小和位置,如图 3-88 所示。

视频讲解

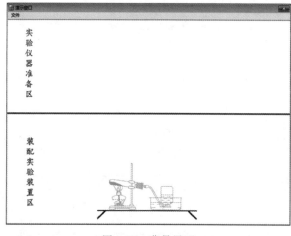

图 3-88 背景界面

(3) 拖放一个"群组"图标至流程线上,命名为"实验仪器"。打开该"群组"图标,导入"铁架台""酒精灯""试管""导管""水槽"和"集气瓶"图片,将所有图片的"显示模式"设置为"透明",并在演示窗口的上半部分放置所有图片。导入实验仪器的效果如图 3-89 所示。

2. 交互设计

(1) 拖放一个"交互"图标到流程线上,命名为"装配实验装置"。

(2) 拖放一个"群组"图标到"装配实验装置"交互图标右下方,选择"目标区"交互类型,命名为"铁架台正确位置"。单击常用工具栏中的"运行"按钮,运行程序,自动弹出"铁架台正确位置"的目标区属性面板和一个虚线框区域(即目标区)。根据提示,单击"铁架台"图片,将"铁架台"作为目标对象,可以看到"目标区"移至"铁架台"图片上,调整该目标区大小与铁架台图片大小相同。再根据提示,拖动对象到目标位置(即演示窗口下半部分的"参考

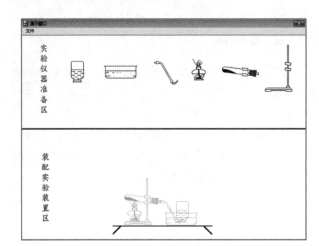

图 3-89 导入实验仪器效果图

图"相应位置),如图 3-90 所示。设置"铁架台的正确位置"的目标区属性,"放下"选择"在中心定位",如图 3-91 所示。

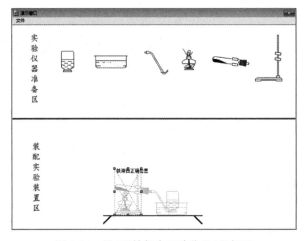

图 3-90 设置"铁架台正确位置"目标区

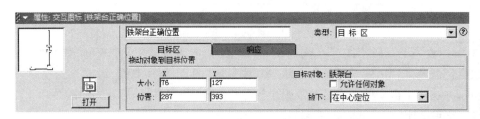

图 3-91 "双桥区正确位置"交互图标属性面板

(3) 拖放一个"群组"图标至"铁架台正确位置"群组图标的右侧,命名为"铁架台错误位置",运行程序,自动弹出"铁架台错误位置"的目标区属性面板和一个虚线框区域(即目标区)。根据提示,单击"铁架台"图片,将"铁架台"作为目标对象,可以看到"目标区"移至"铁架台"图片上,调整该目标区大小与演示窗口大小相同,如图 3-92 所示。设置"铁架台错误位置"的目标区属性,"放下"选择"返回","铁架台错误位置"交互图标属性面板如图 3-93 所示。

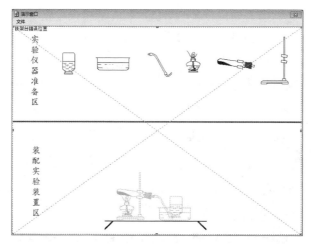

图 3-92　设置"铁架台错误位置"目标区

图 3-93　"铁架台错误位置"交互图标属性面板

（4）同理，设置"酒精灯""试管""导管""水槽"和"集气瓶"的正确位置和错误位置的目标区，并删除"背景"显示图标中的"参考图"图片。

（5）双击"装配实验装置"交互图标，打开其演示窗口，如图 3-94 所示。

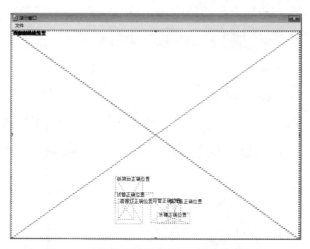

图 3-94　"装配实验装置"交互图标演示窗口

图中显示"铁架台错误位置""酒精灯错误位置""试管错误位置""导管错误位置""水槽错误位置"和"集气瓶错误位置"是重合的，可以使用一个错误位置响应图标实现上述 6 个错误位置的响应。删除前 5 个实验仪器的错误位置的响应图标，只保留"集气瓶错误位置"的响应图标,并将其改名为"所有错误位置"。设置"所有的错误位置"交互图标属性面板,选中"目标对象"下方的"允许任何对象"复选框,发现"目标对象"后面显示为灰色空白,表示本响应图标对前面的所有目标对象都起作用,如图 3-95 所示。双击"装配实验装置"交互图标,打开其演示窗口,如图 3-96 所示。

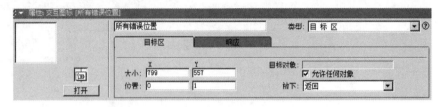

图 3-95 "所有错误位置"交互图标属性面板

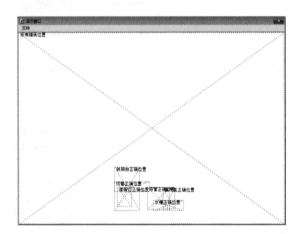

图 3-96 删除错误位置响应图标后"名称入位"交互图标演示窗口

(6) 整个程序流程结构如图 3-97 所示。

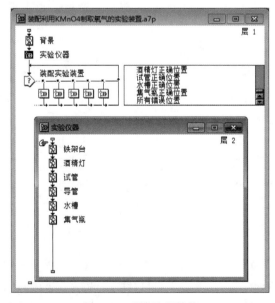

图 3-97 程序流程结构

(7) 运行并保存程序。最终运行效果如图 3-98 所示。

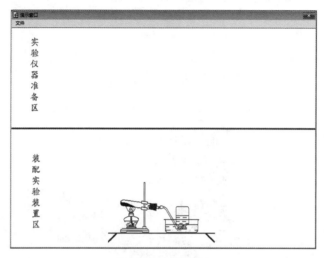

图 3-98　运行效果

任务 6　"下拉菜单"交互设计

菜单是计算机软件提供的经常使用的一种交互工具。以 Windows 为例,在标题栏下方就是菜单栏,选择其中某项后即可弹出下拉式菜单,通过下拉菜单可以实现更多的功能。

实例 5:下拉菜单设计。

要求:利用"下拉菜单"交互将项目 3.1 中顺序运行方式多媒体课件和项目 3.2 中动画展示类多媒体课件的实例进行综合制作。

操作步骤如下。

1. 基本准备

(1) 新建一文件,设置演示窗口大小为 800×600px,并保存,命名为"下拉菜单设计.a7p"。

(2) 拖放一个"显示"图标到流程线上,命名为"背景",打开该"显示"图标,输入"多媒体课件展示",并按适合演示窗口设置字号,字体设置为楷体、加粗,颜色设置为红色。导入"多媒体课件标识"图片,并调整该图片大小和位置,如图 3-99 所示。

(3) 拖放一个"等待"图标和一个"擦除"图标到流畅线上,分别命名为"单击"和"擦除背景"。设置"单击"等待图标为"单击鼠标""不显示按钮";设置"擦除背景"擦除图标为"擦除背景显示图标""无特效"。

视频讲解

2. 交互设计

(1) 拖放一个"交互"图标到流程线上,命名为"顺序运行方式多媒体课件"。

(2) 拖放一个"群组"图标到交互图标右下方,选择"下拉菜单"交互类型,命名为"顺序浏览素描画"。将项目 3.1 中顺序运行方式多媒体课件"顺序浏览素描画"的程序复制到该"群组"图标中,并进行删除"退出"程序的处理。单击"顺序浏览素描画"群组图标上方的"下拉菜单"符号,设置"顺序浏览素描画"交互图标属性面板"响应"选项卡,选中"永久"复选框,"分支"选择"返回",如图 3-100 所示。

(3) 再拖放一个"交互"图标到流程线上,命名为"动画类多媒体课件"。拖放 5 个"群

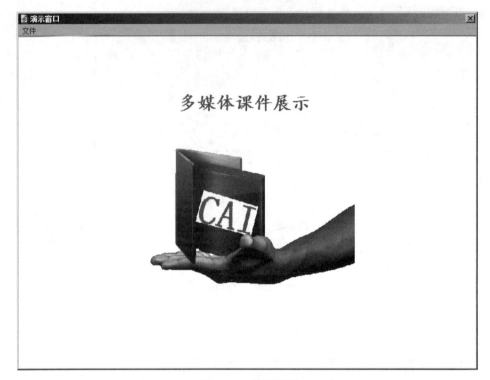

图 3-99　背景界面

图 3-100　"顺序浏览素描画"交互图标属性面板

组"图标到交互图标右下方,选择"下拉菜单"交互类型,分别命名为"赛车动画设计""随机套圈""小黄鸭水中游""小球几何运动"和"小狗停格子"。将项目 3.2 中动画类多媒体课件"赛车动画设计""随机套圈""小黄鸭水中游""小球几何运动"和"小狗停格子"的程序复制到相应"群组"图标中,并进行删除"退出"程序的处理。设置上述 5 个交互响应图标属性面板"响应"选项卡,均选中"永久"复选框,"分支"选择"返回"。单击常用工具栏中的"运行"按钮,运行程序,运行效果如图 3-101 所示。

(4) 制作下拉菜单命令项之间的分隔线。在"动画类多媒体课件"交互结构中的"随机套圈"右侧拖放一个"群组"图标,命名为"-"或"(-"均可。单击常用工具栏中的"运行"按钮,运行程序,添加分隔线运行效果如图 3-102 所示。

(5) 整个程序流程结构如图 3-103 所示。

(6) 运行并保存程序。

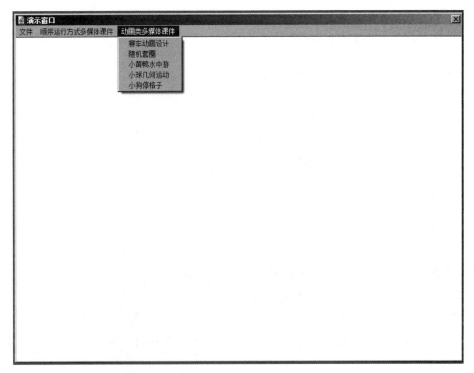

图 3-101　运行效果

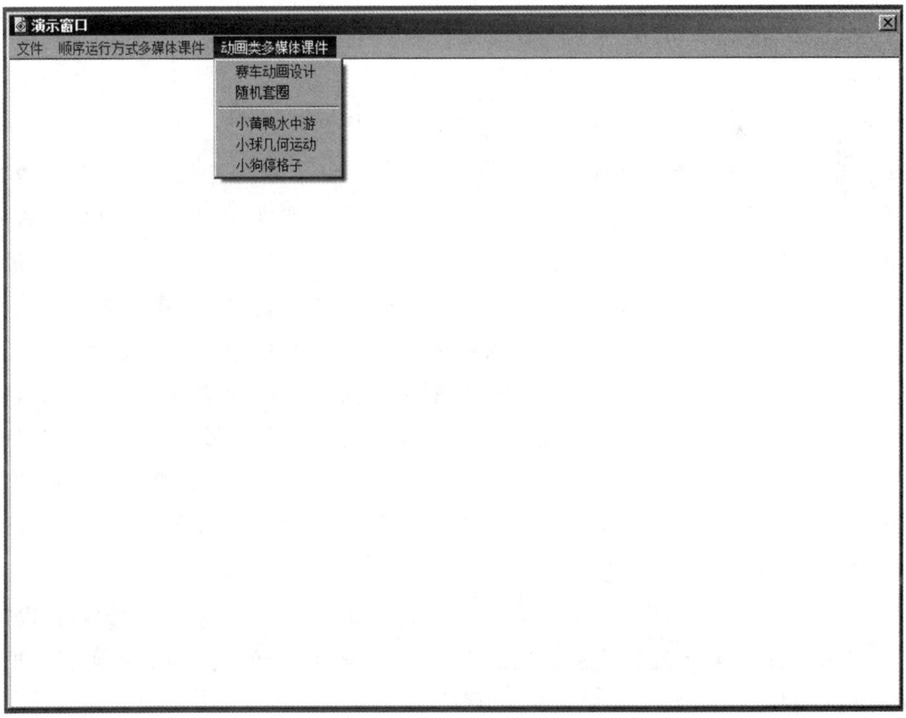

图 3-102　添加分隔线运行效果

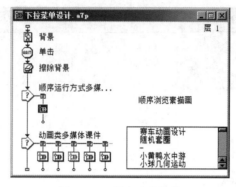

图 3-103　程序流程结构

任务 7　"文本输入"交互设计

"文本输入"用来创建一个用户可以输入字符的区域,用户按回车键结束输入,程序按规定的流程继续执行,常用于设置输入密码和回答问题等。

实例 6:为"装配利用 $KMnO_4$ 制取氧气的实验装置.a7p"程序设置"登录密码"。

要求:若密码输入正确,向下运行该程序,否则,一直提示重新输入正确的密码,直至输入正确为止。

操作步骤如下。

视频讲解

1. 基本准备

打开"装配利用 $KMnO_4$ 制取氧气的实验装置.a7p"程序,并另存为"登录密码.a7p"。

2. 交互设计

(1) 拖放一个"交互"图标到流程线的最上端,命名为"密码"。

(2) 拖放一个"群组"图标到交互图标右下方,选择"文本输入"交互类型,命名为"123"。用户只有从键盘上输入"123"并按回车键时,才会进入该分支执行,则"123"即为该程序的密码。单击常用工具栏中的"运行"按钮,运行程序,单击"123"群组图标上方的"文本输入"类型符号,设置"123"交互图标属性面板"响应"选项卡,"分支"设置为"退出交互"。双击"密码"交互图标,在其演示窗口中输入"请输入登录密码"提示信息,如图 3-104 所示。

(3) 打开"123"群组图标,拖放一个"擦除"图标到流程线上,命名为"擦除密码",设置擦除提示信息"请输入登录密码"和输入的密码"123"。再拖放一个"显示"图标到流程线上,命名为"欢迎",其中输入"欢迎您使用本多媒体课件!希望本课件能够给您带来愉悦的心情和事半功倍的学习效果!"。最后再拖放一个"等待"图标到流程线上,命名为"等待",设置为"单击鼠标""按任意键"、不显示按钮,如图 3-105 所示。

(4) 拖放一个"显示"图标至"123"群组图标右侧,命名为" * "(* 为通配符,代表任意多个字符),在其中输入"对不起!您所输入的密码错误,请重新输入正确的密码!"。把该"分支"设置为"重试"。

(5) 整个程序流程结构如图 3-106 所示。

(6) 运行并保存程序。

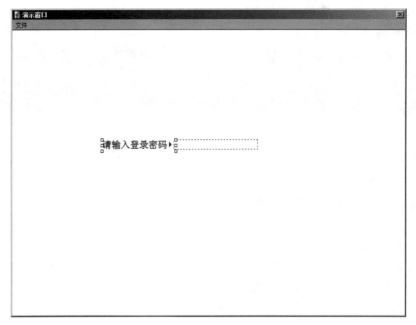

图 3-104 输入"文本输入"提示信息

图 3-105 设置"123"群组图标

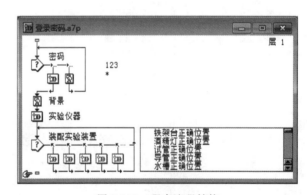

图 3-106 程序流程结构

任务 8 "重试限制"交互设计

"重试限制"限制用户与当前程序交互的尝试次数,当达到规定次数时,就会执行指定的分支,常用它来制作测试题或密码重试次数。

实例 7:为"登录密码.a7p"程序设置"输入密码次数"。

要求:密码最多输入 3 次。

操作步骤如下。

1. 基本准备

打开"登录密码.a7p"程序,并另存为"重试限制.a7p"。

2. 交互设计

(1)拖放一个"群组"图标到"*"响应图标的右侧,命名为"重试 3 次",选择"重试限制"交互响应类型,并设置"重试限制"响应属性"最大限制"为"3",如图 3-107 所示。

视频讲解

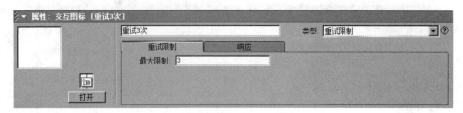

图 3-107 "重试限制"响应属性面板

(2) 打开"重试 3 次"群组图标,拖曳一个"擦除"图标到流程线上,命名为"擦除错误密码提示",设置擦除"请输入登录密码"和所输入的密码以及错误提示信息"对不起!您所输入的密码错误,请重新输入正确的密码!"等。

(3) 继续拖放一个"显示"图标至流程线上,命名为"重试提示",在其中输入"您已经尝试三次!3s 后退出登录!"。

(4) 拖曳一个"等待"图标到流程线上,命名为"3s",设置"等待"图标属性,"时限"为 3s。最后,再拖曳一个"计算"图标至流程线上,命名为"退出",其中输入函数"quit()"。

(5) 整个程序流程结构如图 3-108 所示。

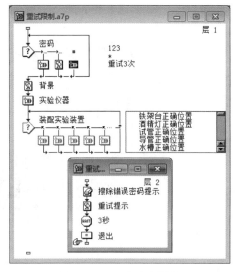

图 3-108 程序流程结构

(6) 运行并保存程序。

任务 9 "时间限制"交互设计

"时间限制"是指当用户在特定时间内未能实现特定的交互,这个响应可使程序按指定的流程继续执行。

实例 8:为"登录密码.a7p"程序设置"输入密码时间"。

要求:密码输入时间最多 10s。

操作步骤如下。

1. 基本准备

打开"登录密码.a7p"程序,并另存为"登录密码 1.a7p"。

2. 交互设计

(1) 拖放一个"群组"图标至"＊"响应图标的右侧,命名为"10s",选择"时间限制"交互响应类型,并设置"时间限制"响应属性"时限"为10s,如图3-109所示。

图3-109 "时间限制"响应属性面板

(2) 打开"10s"群组图标,拖放一个"擦除"图标到流程线上,命名为"擦除错误密码提示",设置擦除"请输入登录密码"和所输入的密码以及错误提示信息"对不起！您所输入的密码错误,请重新输入正确的密码！"等。

(3) 继续拖放一个"显示"图标至流程线上,命名为"时间到提示",在其中输入"您尝试输入已达10秒！3秒钟后退出登录！"。

(4) 拖曳一个"等待"图标到流程线上,命名为"3s",设置"等待"图标属性,"时限"为3s。最后,再拖曳一个"计算"图标至流程线上,命名为"退出",其中输入函数"quit()"。

(5) 整个程序流程结构如图3-110所示。

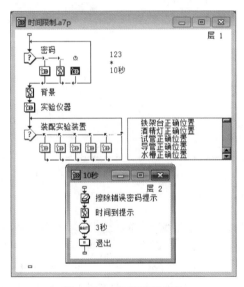

图3-110 程序流程结构

(6) 运行并保存程序。

任务10 "条件"交互设计

"条件"交互是一种根据用户为该交互设置的条件进行自动匹配的交互类型,随时检测设置的条件是否成立,如果条件成立,则执行该条件交互分支下的流程,否则不执行该条件交互分支。条件可以是变量、函数或表达式等。

实例 9：计算 100 以内两个随机整数的和。

要求：根据条件判断，如果输入结果正确，给出"√"，如果输入结果错误，给出"×"。

操作步骤如下。

1. 基本准备

(1) 新建一文件，设置演示窗口大小为 640×480px，并保存，命名为"100 以内两个随机整数的和.a7p"。

(2) 拖放一个"计算"图标到流程线上，命名为"设定变量"，设置内容如图 3-111 所示。

图 3-111 设置变量

(3) 拖放一个"显示"图标到流程线上，命名为"题目"，设置内容如图 3-112 所示。

图 3-112 设置"题目"显示图标内容

2. 交互设计

(1) 拖放一个"交互"图标到流程线上，命名为"计算答题"。

(2) 拖放一个"群组"图标到交互图标右下方，选择"文本输入"交互类型，命名为"＊"。单击"＊"群组图标上方的"文本输入"符号，设置"＊"交互图标属性面板，并设置该"分支"属性为"继续"，目的是接收用户输入后将结果送交互响应进行判断。在"＊"群组图标中放置一个"计算"图标，命名为"接收数据"，其中内容为"sum：= NumEntry"。系统变量"NumEntry"中保存了用户在文本输入框中输入的数值。此表达式的作用是将用户算出的答案保存在自定义变量"sum"中，留待以后与标准答案进行比较。单击常用工具栏中的"运行"按钮，运行程序，再按住 Shift 键，双击"计算答题"交互图标，将"文本输入框"的位置调整到加法算式的"＝"后面，再双击"文本输入框"，打开"交互作用文本字段属性"对话框，在"交互作用"选项卡中设置取消"输入标记"，在"文本"选项卡中设置模式为"透明"，如图 3-113 所示。

图 3-113 "交互作用文本字段属性"对话框

(3) 拖放两个"群组"图标至"＊"群组图标的右侧,选择"条件"交互响应类型,分别命名为"sum <> x＋y"和"sum＝x＋y",响应图标的名称即为"响应条件",把"分支"均设置为"重试",设置"sum <> x＋y"交互图标属性面板"条件"选项卡中"自动"为"关","sum＝x＋y"交互图标属性面板"条件"选项卡中"自动"为"为真",如图 3-114 所示。

(a) "sum<>x+y"条件响应

(b) "sum<>x+y"条件响应

图 3-114 "交互图标属性"面板

其中:
① 条件:定义了分支的响应条件。
② 自动:定义了条件自动判断的方式,它有以下 3 个选项。
- 关:不进行条件的自动判断。
- 为真:当条件成立时就执行分支。
- 为假:当条件由"假"变化为"真"时就执行分支。

(4) 打开"sum <> x＋y"群组图标,拖放一个"显示"图标,命名为"叉号"。在"叉号"显示图标中导入红色"叉号"图片。打开"sum＝x＋y"群组图标,拖放一个"显示"图标,命名为"对号"。在"对号"显示图标中导入红色"对号"图片。再放置一个"等待"图标,命名为"按任意键继续",并设置该图标"事件"属性为"按任意键"。最后拖放一个"计算"图标,命名为"继续出题",内容为"GoTo(IconID@"设定变量")"。

(5) 整个程序流程结构如图 3-115 所示。

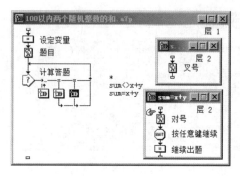

图 3-115　程序流程结构

（6）运行并保存程序。最终运行效果如图 3-116 所示。

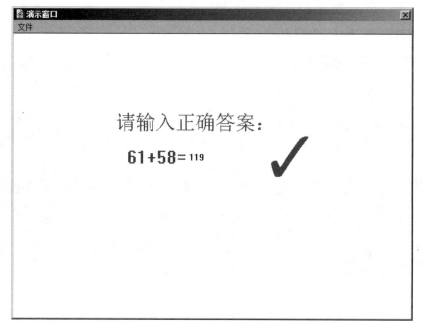

图 3-116　运行效果

任务 11　"按键"交互设计

键盘是计算机最主要的输入工具之一，是人机交互的重要途径。"按键"交互是指对用户敲击键盘的事件进行响应，控制程序的执行。

实例 10：移动棋子。

要求：利用 4 个方向键←↑→↓控制棋子在棋盘中移动，按一次键移动一个格子。

操作步骤如下。

1. 基本准备

（1）新建一文件，设置演示窗口大小为 640×480px，并保存，命名为"移动棋子.a7p"。

（2）导入"棋盘.jpg"和"棋子.gif"图片到流程线上，分别命名为"棋盘"和"棋子"，调整两图片位置和大小，并将"棋子"设置为"透明"模式，如图 3-117 所示。

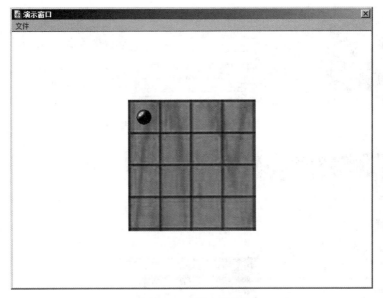

图 3-117　导入图片

(3) 拖放一个"计算"图标到流程线上,命名为"赋初值",打开该"计算"图标分两行输入"x:=1"和"y:=1"。

2. 交互设计

(1) 拖放一个"交互"图标到流程线上,命名为"移动棋子"。

(2) 拖放 4 个"计算"图标到交互图标右下方,均选择"按键"交互类型,分别命名为 leftarrow、rightarrow、uparrow 和 downarrow。再拖放一个"移动"图标到流程线上,选择"条件"交互类型,命名为 TRUE。

视频讲解

(3) 设置 leftarrow、rightarrow、uparrow 和 downarrow 交互图标属性:leftarrow 响应的激活条件为 x>1,rightarrow 响应的激活条件为 x<4,uparrow 响应的激活条件为 y>1,downarrow 响应的激活条件为 y<4,"分支"均设置为"继续"。TRUE 交互图标属性"分支"也设置为"继续"。程序流程结构如图 3-118 所示。

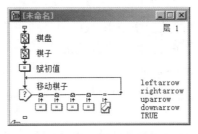

图 3-118　程序流程结构

(4) 打开 leftarrow、rightarrow、uparrow 和 downarrow 计算图标,在其计算窗口中分别输入 x:=x−1、x:=x+1、y:=y−1 和 y:=y+1。

(5) 单击 TRUE 移动图标设置其属性,如图 3-119 所示。棋子移动区域如图 3-120 所示。

图 3-119　TRUE 移动图标属性面板

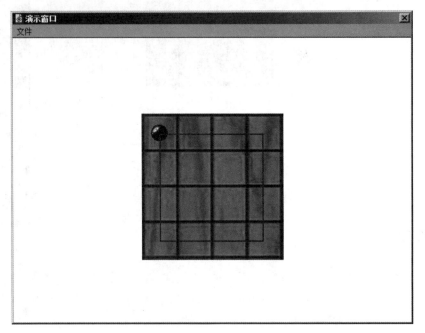

图 3-120　棋子移动区域

(6) 运行并保存程序。

任务 12　"事件"交互设计

"事件"交互主要用于对程序流程中使用 ActiveX 外部控件的 Event 事件进行响应。这些外部控件可以是通过"插入"→"控件"命令插入的 ActiveX 控件,也可以是通过"插入"→"媒体"命令插入的 GIF 动画、Flash 动画或 QuickTime 动画等。不同的外部控件有着不同的 Event 事件,通过对这些事件的监测,就可以实现不同的响应。

实例 11:播放视频。

要求:通过 ActiveX 控件打开 Windows Media Player 播放器,播放视频。

操作步骤如下。

1. 基本准备

(1) 新建一文件,设置演示窗口大小为 640×480px,并保存,命名为"播放视频.a7p"。

(2) 准备一个视频文件"视频.mp4"。

注意,视频文件必须和程序文件放在同一目录下,才可以顺利播放。

（3）选择"插入"→"控件"→ActiveX 命令，弹出"选择 ActiveX 控件"对话框，选择 Windows Media Player 控件，如图 3-121 所示。单击 OK 按钮，自动弹出"ActiveX 控件属性"对话框，设置 URL 项为"视频.mp4"，控件名称为"视频播放器"，如图 3-122 所示。

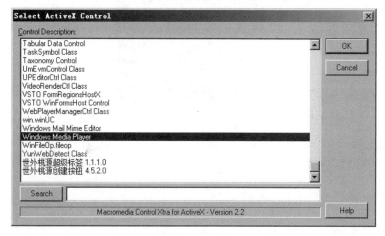

图 3-121 "选择 ActiveX 控件"对话框

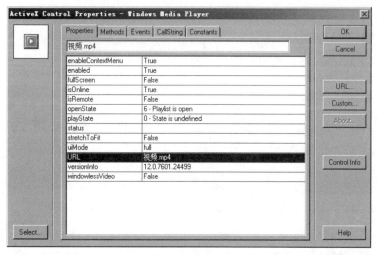

图 3-122 "ActiveX 控件属性"对话框

2. 交互设计

（1）拖放一个"交互"图标到流程线上，命名为"视频"。

（2）拖放一个"计算"图标到交互图标右下方，选择"事件"交互类型，命名为"播放"。打开"播放"计算图标，分两行输入"file:="视频.mp4""和"SetSpriteProperty(@"视频播放器"，♯source，file)"。

（3）整个程序流程结构如图 3-123 所示。

（4）运行并保存程序。最终运行效果如图 3-124 所示。

图 3-123 程序流程结构

视频讲解

图 3-124　运行效果

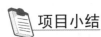项目小结

本项目通过 12 个任务的学习与实践,帮助读者掌握交互功能类多媒体课件的设计与制作技术。

项目 3.4　结构化交互型多媒体课件的设计与制作

结构化交互型多媒体课件主要通过"判断"图标和"框架"图标根据设置的某种条件自动执行或在程序内容之间灵活导航等,为设计带来更大的灵活性。本项目将通过 2 个任务供读者学习与实践,帮助读者掌握结构化交互型多媒体课件的设计与制作技术。

掌握结构化交互型多媒体课件的设计与制作技术。

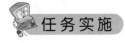

任务 1　"判断"结构设计

"判断"结构是通过"判断"图标来实现的。"判断"图标又称为决策图标,是 Authorware 提供给用户制作分支流程、循环功能的图标,可以指定执行分支的次数和方法,程序自动决定执行流程。

实例 1：随机测试系统。

要求：由系统随机出 5 道题，答题后将自动显示"及格"或"不及格"两种提示及所得成绩。

操作步骤如下。

1. 基本准备

（1）新建一文件，设置演示窗口大小为 640×480 px，并保存，命名为"测试系统.a7p"。

（2）拖放一个"群组"图标到流程线上，命名为"初始化"。打开该"群组"图标，拖放两个"显示"图标，分别命名为"标题"和"开始"，分别输入"请您准备好，开始测试！"和"请您输入正确结果：",设置字体为"仿宋"，字号为"24 磅"，颜色为"红色"。在"标题"和"开始"显示图标之间拖放一个"等待"图标，命名为"等待"，设置为"按任意键"和"时限"为 2 秒。再拖放一个"擦除"图标到流程线上，命名为"擦除标题"，设置将"标题"内容擦除。再拖放一个"计算"图标到流程线上，命名为"初始值"，该"计算"图标的内容为"s:=0"。"初始化"群组图标内部流程结构如图 3-125 所示。

图 3-125 "初始化"群组图标内部流程结构

2. 结构设计

（1）拖放一个"判断"图标到流程线上，命名为"出题"。设置"出题"判断图标属性，"重复"选择"固定的循环次数"，输入 5；"分支"选择"在未执行过的路径中随机选择"，如图 3-126 所示。

图 3-126 "出题"判断图标属性面板

（2）拖动 5 个"群组"图标到"出题"判断图标右下方，分别命名为"题目 1""题目 2""题目 3""题目 4"和"题目 5"。

（3）打开该"题目 1"群组图标，拖放一个"显示"图标到流程线上，命名为"题目 1"，在该"显示"图标中输入"4×9＝"。拖放一个"交互"图标到流程线上，命名为"4×9"。再拖放一个"群组"图标到"4×9"交互图标的右下方，选择"文本输入"交互类型，命名为"36"，设置其属性"分支"为"退出交互"，"擦除"为"不擦除"，"状态"为"正确响应"，"计分"为"5"。再拖放一个"群组"图标到"36"群组图标的右侧，命名为"*"，其属性设置"状态"为"错误响应"，"计分"为"0"，其他与"36"交互图标属性设置一致。单击常用工具栏中的"运行"按钮，运行程序，再按住 Shift 键，双击"题目 1"交互图标，将文本输入框移至题目表达式的右侧，设置不显示"输入标记"。"题目 1"的二级流程结构如图 3-127 所示。

图 3-127 "题目 1"的二级流程结构

(4) 同理设置其他题目,这里不再赘述。

(5) 拖放一个"擦除"图标到主流程线上,命名为"擦除开始",设置将"开始"显示图标内容擦除。

(6) 拖放一个"计算"图标到主流程线上,命名为"计算成绩",在其中输入"s:=TotalScore"。

(7) 拖放一个"判断"图标到主流程线上,命名为"判断"。设置"判断"图标属性,"重复"选择"不重复";"分支"选择"计算分支结构","分支"的计算条件为"Test(s>15,1,2)",用于判断所得成绩是否大于15,作为及格的界限,如果"及格"则进入第一分支,如果"不及格"则进入第二分支,如图3-128所示。

图3-128 "判断"图标属性面板

(8) 拖放两个"群组"图标到"判断"图标右下方,分别命名为"及格"和"不及格",在第一分支"及格"群组图标中设置一个"显示"图标,命名为"及格成绩",输入"成绩{s},祝贺您!"。在第二分支"不及格"群组图标中也设置一个"显示"图标,命名为"不及格成绩",输入"成绩{s},再努力!"。为了使"显示"图标的内容停显在演示窗口中不立即消失,在两个"群组"图标中各设置一个"等待"图标,分别命名为"等待1"和"等待2",均设置为"单击鼠标",不显示按钮。

(9) 最后设置一个"退出"计算图标,内容为"quit()"。

(10) 整个程序流程结构如图3-129所示。

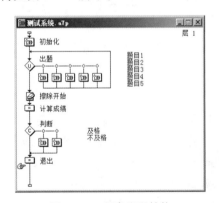

图3-129 程序流程结构

(11) 运行并保存程序。

任务2 "框架"结构设计

"框架"图标是Authorware中最特殊的图标,总是与"导航"图标配合使用,在"框架"图标内部含有8个"导航"图标。一个"框架"图标可以包括多个其他的图标,这些图标被称为

"页"。每页都是相对独立的部分,页与页之间靠"导航"图标来发生联系。

实例 2:鲜花欣赏。

要求:通过导航按钮控制欣赏各种鲜花。

操作步骤如下。

1. 基本准备

(1) 新建一文件,设置演示窗口大小为 640×480px,并保存,命名为"鲜花欣赏.a7p"。

(2) 拖放一个"显示"图标到流程线上,命名为"背景",输入"鲜花欣赏",设置合适的字体、字号和颜色。再拖放一个"等待"图标,命名为"单击",设置为"单击鼠标"。

2. 结构设计

(1) 拖曳一个"框架"图标至流程线上,命名为"鲜花",再拖放 10 个"显示"图标到"鲜花"框架图标的右下方,分别命名为"鲜花 1""鲜花 2"……"鲜花 9"和"鲜花 10",并导入相应图片。程序流程结构如图 3-130 所示。

视频讲解

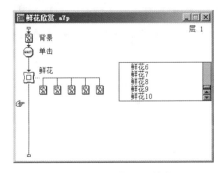

图 3-130 程序流程结构

(2) 运行并保存程序。运行效果如图 3-131 所示。

图 3-131 运行效果

项目小结

本项目通过2个任务的学习与实践,帮助读者掌握结构化交互型多媒体课件的设计与制作技术。

项目 3.5　交互型多媒体课件的打包与发布

**项目描述**

在程序设计、调试完成后,需要将程序发布,使程序的运行脱离 Authorware 7.0 的开发环境,一来为方便制作副本,二来也可将程序加密,保护知识产权。Authorware 支持两种发布方式,一种是发布成可执行文件,即"打包",支持在 Windows 下运行(可以以"光盘"为媒介传播);二是可以发布成为网络支持的形式,可以在网络环境下运行。本项目将通过2个任务供读者学习与实践,帮助读者掌握交互型多媒体课件的打包与发布方法。

**项目目标**

掌握交互型多媒体课件的打包与发布方法。

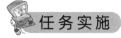**任务实施**

任务1　打包

打包即对源程序进行封装,封装后将生成在 Windows 或 Mac 下的可执行文件,该文件完全脱离原设计环境。

实例1:打包"升降国旗.a7p"程序。

要求:对"升降国旗.a7p"程序进行打包,完成后该程序转换成可执行程序,运行时脱离原设计环境。

操作步骤如下。

(1)打开"升降国旗.a7p"程序。

图 3-132　"打包文件"对话框

(2)选择"文件"→"发布"→"打包"命令,弹出"打包文件"对话框,如图 3-132 所示。

其中,打包文件右侧的图标将随下方下拉列表的选项不同而变化,下拉列表中的两个选项如下。

① 无需 Runtime:选择此项时,必须保证用户的计算机上有 Authorware 7.0 的 Runtime 应用程序,该程序是用来运行.a7r 程序的。选中该项后,对话框中显示两个图标。打包后的文件扩展名为.a7r。

② 应用平台 Windows XP、NT 和 98 不同:选中此项后,打包后的多媒体程序就可以单独运行于 Windows 系统下。对话框中只显示一个图标,打包后的文件扩展名为.exe。

4个复选框分别如下。

① 运行时重组无效的连接：在编辑程序时，每拖放一个图标到流程线上，系统都会自动记录相关数据。如果对程序进行了修改，程序中的某些图标链接就会断开，为了避免产生这种问题，可选择该项，只要图标的类型和名称没有改变，Authorware 7.0就可以恢复它们的链接关系。

② 打包时包含全部内部库：选中此项，可以将所有与程序链接的库文件打包在一个文件中。

③ 打包时包含外部之媒体：选中此项，可以将所有外部媒体打包在一个文件中，但不包括.avi等外部运行文件。

④ 打包时使用默认文件名：选中此项，打包后的文件将自动以其源文件的名称命名生成一个同名的可执行文件，并放置在同一个文件夹下。

设置完成后，单击"保存文件并打包"按钮，Authorware开始打包文件。打包结束后会在源程序同路径下生成一个.exe可执行程序。

提示：如果没有选中"打包时使用默认文件名"复选框，将出现"打包文件为"对话框，要选择打包后文件的保存位置并给打包文件命名。

（3）双击.exe文件，就可以脱离Authorware环境直接执行了。但有的时候程序并不能正常运行，这时就应该做好打包之后的工作。

如果源程序包含外部媒体或数据库等文件，将源程序打包之后，需要将包含的外部媒体或数据库等文件复制到生成的.exe可执行程序同路径下。另外，还需要将"C:\Program Files（x86）\Macromedia\Authorware 7.0"路径下部分.dll文件和Xtras文件夹复制到生成的.exe可执行程序所在文件夹中。

任务2　一键发布

从打包过程可以看到，打包需要进行很多设置，并要注意打包时不要遗漏相关文件，操作较麻烦，为了简化操作，Authorware 7.0提供了"一键发布"的功能。

实例2：一键发布"升降国旗.a7p"程序。

要求：对"升降国旗.a7p"程序进行一键发布，完成后不需要再做其他设置。

操作步骤如下。

（1）打开"升降国旗.a7p"程序。

（2）选择"文件"→"发布"→"一键发布"命令，直接对文件进行发布，发布后，在源程序所在文件夹下会创建一个Published Files文件夹，用于保存相关文件。

项目小结

本项目通过2个任务的学习与实践，帮助读者掌握了交互型多媒体课件的打包与发布方法。

模块四　动画型多媒体课件设计与制作

动画型多媒体课件可以将教学的内容、方案和思路通过动态的效果展示出来。动画型多媒体课件可以拥有文字、图形图像、声音和视频等，达到极为生动的动态演示效果。Adobe Flash CS6 软件是一款多媒体矢量动画软件，在互联网、多媒体课件制作等领域得到了广泛应用。它以 Web 应用为主的二维动画形式，不仅可以通过文字、图片、视频以及声音等综合手段展现动画意图，还可以通过强大的交互功能实现与用户之间的互动。

知识树

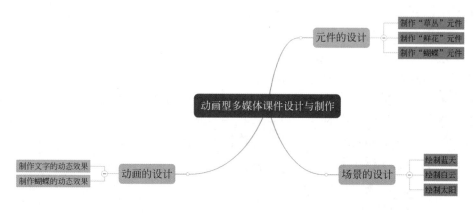

项目 4.1　元件的设计

元件是 Flash CS6 软件在不同帧中重复使用的模块。元件可以是图形、按钮或影片剪辑。图形元件有独立的时间轴，随主时间轴的运行而运行，不能加入代码；按钮元件只有 4 个关键帧，可以加入代码；影片剪辑元件有独立的时间轴，可以加入代码。通过 Flash CS6 工具箱中的绘图工具、编辑工具、辅助工具、颜色工具和"属性"面板等制作动画中所需要的素材，可实现角色原型的效果。

本项目通过制作草丛、鲜花、蝴蝶等元件，帮助读者熟悉 Flash CS6 中图形绘制与编辑工具的使用、对象颜色的设置和元件的设计与使用等。

- 能够熟练掌握 Flash CS6 工具箱中图形绘制工具、编辑工具、辅助工具和颜色工具

的使用方法。

• 能够熟练地制作元件。

项目实施

任务1 制作"草丛"元件

操作步骤如下。

（1）打开 Adobe Flash CS6 软件，选择"文件"→"新建"命令，弹出"新建文档"对话框，选择 ActionScript 2.0 选项，其他保持默认设置，单击"确定"按钮，如图 4-1 所示。进入 Flash 文档编辑区。

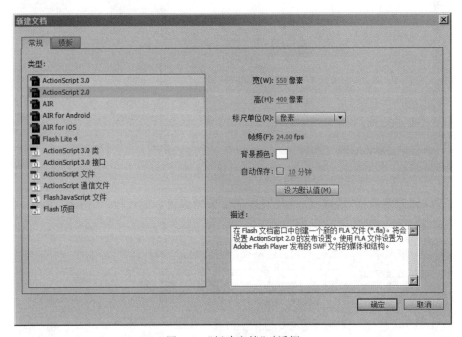

图 4-1 "新建文档"对话框

（2）选择"插入"→"新建元件"命令，弹出"创建新元件"对话框，在"名称"文本框中输入"草"，"类型"选择"图形"选项，单击"确定"按钮，如图 4-2 所示。进入图形元件"草"的编辑区。

图 4-2 "创建新元件"对话框

视频讲解

（3）选择"矩形工具" 在编辑区内绘制一个矩形。选择"选择工具" ，将鼠标分别放到矩形上部左右两个顶点处，拖曳鼠标左键，将矩形调整为三角形，如图 4-3 所示。

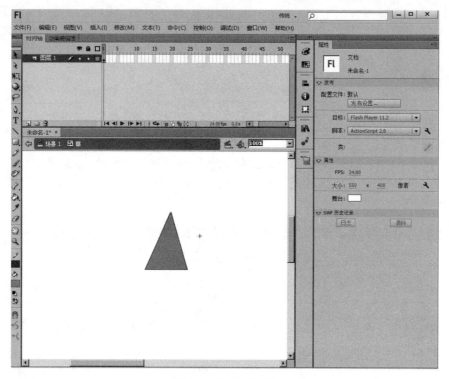

图 4-3　绘制三角形

（4）选择"线条工具" ，绘制一条通过三角形顶部顶点的线段，如图 4-4 所示。

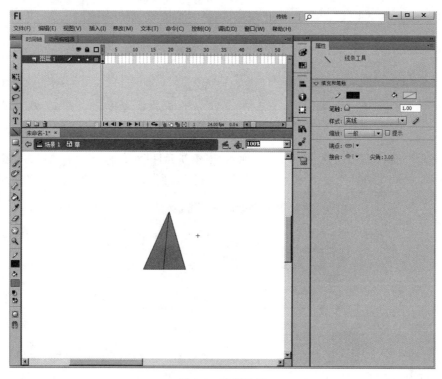

图 4-4　绘制线段

(5) 单击"颜色"按钮 ，打开"颜色"面板，设置填充颜色为"线性渐变"类型，左侧控制块颜色为♯46EE10，右侧控制块颜色为♯04C20B，如图4-5所示。

(6) 选择"颜料桶工具" ，分别单击编辑区中的两个三角形，填充三角形的颜色。

(7) 选择"渐变变形工具" ，调整三角形中填充颜色的渐变角度、渐变中心位置和渐变过渡范围，如图4-6所示。

图4-5 "颜色"面板

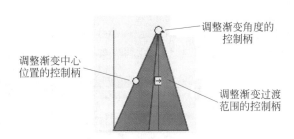

图4-6 调整填充颜色的渐变变形

(8) 选择"选择工具" ，调整三角形的大小和形状，如图4-7所示。

(9) 选择"选择工具" ，选中这个对象，在其"属性"面板中，如图4-8所示，单击"笔触颜色"按钮 ，在弹出的"颜色设置"对话框中选择"无笔触" ，如图4-9所示。

图4-7 调整对象形状

图4-8 形状的属性面板

(10) 单击"对齐"按钮 ，打开"对齐"面板，勾选"与舞台对齐"复选框，单击"水平中齐"按钮 和"垂直中齐"按钮 ，如图4-10所示。

(11) 选择"场景1"选项卡 ，退出"草"元件编辑区。

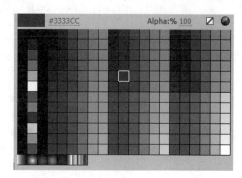
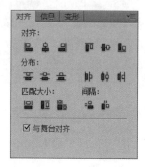

图 4-9　"颜色设置"对话框　　　　　图 4-10　"对齐"面板

（12）选择"插入"→"新建元件"命令，弹出"创建新元件"对话框，在"名称"文本框中输入"草丛"，"类型"选择"图形"选项，单击"确定"按钮，如图 4-11 所示。进入图形元件"草丛"的编辑区。

视频讲解

图 4-11　创建"草丛"元件

（13）单击"库"按钮，打开"库"面板，如图 4-12 所示。

（14）将库中图形元件"草"拖放到编辑区内，选择"任意变形工具"，选中"草"对象，并调整其大小和角度。

（15）按住 Ctrl 键，使用"选择工具"进行拖放"草"对象，重复此操作，进行多次复制操作，并分别调整其位置、大小和角度，如图 4-13 所示。

图 4-12　"库"面板　　　　图 4-13　调整对象的位置、大小和角度

（16）选择"场景 1"选项卡，退出"草丛"元件编辑区。

任务2　制作"鲜花"元件

操作步骤如下。

(1) 选择"插入"→"新建元件"命令,弹出"创建新元件"对话框,在"名称"文本框中输入"鲜花","类型"选择"图形"选项,单击"确定"按钮,进入图形元件"鲜花"的编辑区。

(2) 选择"椭圆工具" ,在编辑区内绘制一个椭圆,其笔触设置为"无"、填充颜色设置为"红色",如图4-14所示。

视频讲解

图4-14　绘制"椭圆"对象

(3) 选择"任意变形工具",选中椭圆,将中心点移动到椭圆底端,如图4-15所示。

(4) 选择"窗口"→"变形"命令(或单击"变形"按钮),打开"变形"面板,如图4-16所示。

(5) 选择"旋转"选项,角度设置为"60",单击"重置选区和变形"按钮,重复单击此按钮5次。单击"对齐"按钮,打开"对齐"面板,勾选"与舞台对齐"复选框,单击"水平中齐"按钮和"垂直中齐"按钮,如图4-17所示。

(6) 选择"选择工具",选中上述对象,选择"修改"→"组合"命令,将其组合为一个对象"花瓣",如图4-18所示。

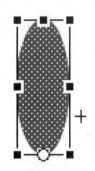  

图 4-15　移动对象的中心点　　图 4-16　"变形"面板　　图 4-17　变形后的对象

图 4-18　"组合"命令

(7) 选择"椭圆工具" ，按住 Shift 键，在编辑区绘制一个圆，其笔触设置为"无"、填充颜色设置为"黄色"。

(8) 选择"修改"→"组合"命令，将其组合为一个对象。

(9) 单击"对齐"按钮 ，打开"对齐"面板，勾选"与舞台对齐"复选框，单击"水平中齐"按钮 和"垂直中齐"按钮 。

(10) 选择"任意变形工具" ，调整"圆"的大小，旋转红色对象的角度，形成"花"，如图 4-19 所示。

(11) 选择"铅笔工具" ，选择工具选项中的"铅笔模式" ，选择"平滑"选项，如图 4-20 所示。

(12) 在"铅笔工具"属性面板中，设置笔触的大小为 10。设置笔触颜色为"♯009900"。在编辑区内绘制一条曲线。选择"选择工具" ，调整曲线的大小、形状和位置，形成"花茎"，如图 4-21 所示。

图 4-19　"花"对象　　图 4-20　铅笔模式选项　　图 4-21　铅笔模式选项

(13) 选择"矩形工具" ，在"矩形工具"属性面板中设置笔触大小为 2，笔触颜色为"♯009900"，在编辑区内绘制一个矩形。

(14) 选择"任意变形工具" ，旋转"矩形"的角度。选择"选择工具"，调整"矩形"的形状，形成花叶的轮廓，如图 4-22 所示。

(15) 选择"线条工具" ，在花叶中绘制叶茎，如图 4-23 所示。

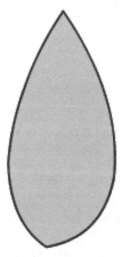　　

图 4-22　花叶的轮廓　　图 4-23　花叶茎的轮廓

(16) 单击"颜色"按钮 ![icon]，打开"颜色"面板，设置填充颜色为"线性渐变"类型，左侧控制块颜色为♯46EE10，右侧控制块颜色为♯04C20B。

(17) 选择"颜料桶工具" ![icon]，分别单击花叶中的区域，填充花叶的颜色。

(18) 选择"渐变变形工具" ![icon]，调整三角形中填充颜色的渐变角度、渐变中心位置和渐变过渡范围，形成花叶，如图 4-24 所示。

(19) 选择"修改"→"组合"命令，将其组合为一个对象。

(20) 按住 Ctrl 键，选择"选择工具" ![icon]，进行拖放"花叶"对象，重复此操作，进行两次复制。

(21) 选择"任意变形工具" ![icon]，选择"花叶"对象，并调整其大小和角度。

(22) 选择"选择工具" ![icon]，调整"花叶"的位置，形成"鲜花"元件，如图 4-25 所示。

图 4-24 花叶

图 4-25 鲜花

(23) 选择"场景 1"选项卡 ![icon]，退出"鲜花"元件编辑区。

任务 3 制作"蝴蝶"元件

视频讲解

操作步骤如下。

(1) 选择"插入"→"新建元件"命令，弹出"创建新元件"对话框，在"名称"文本框中输入"蝴蝶 1"，"类型"选择"图形"，单击"确定"按钮，进入图形元件"蝴蝶 1"的编辑区。

(2) 选择"椭圆工具" ![icon]，在"椭圆工具"属性面板中，设置其笔触大小为"0.10"，笔触颜色设置为"黑色"，填充颜色设置为♯FF9966，在编辑区绘制一个椭圆，如图 4-26 所示。

(3) 选择"椭圆工具" ![icon]，其笔触大小设置为"0.1"，笔触颜色设置为"黑色"，填充颜色设置为"白色"，在编辑区绘制一个小椭圆。

(4) 选择"任意变形工具" ![icon]，调整小椭圆的大小和形状。按住 Ctrl 键，使用鼠标左键拖放，复制多个小椭圆，并将其移动到大椭圆中。

(5) 选择"选择工具" ![icon]，选中小椭圆，在其属性面板中，设置笔触颜色为"无"，并调整小椭圆的形状，形成蝴蝶的一只翅膀，如图 4-27 所示。

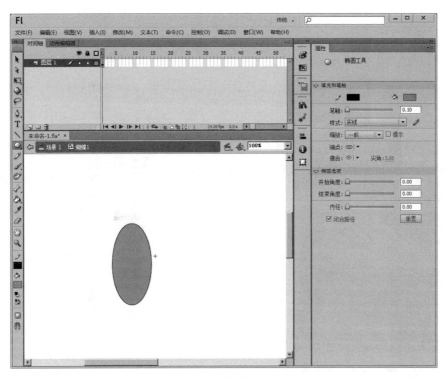

图 4-26 绘制椭圆

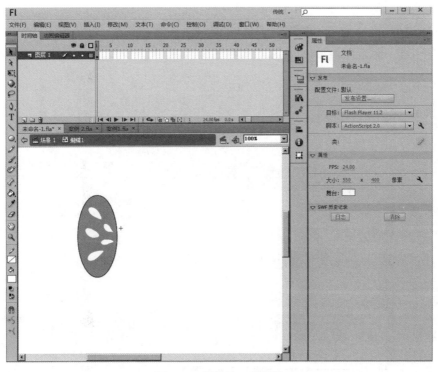

图 4-27 蝴蝶的一只翅膀

模块四 动画型多媒体课件设计与制作

(6) 选择"选择工具" ，选取所有椭圆对象，按住 Ctrl 键，使用鼠标左键拖放，复制该对象。选择"修改"→"变形"→"水平翻转"命令，使所选对象水平翻转。选择"选择工具" ，调整对象的位置，如图 4-28 所示。

图 4-28　蝴蝶的翅膀

(7) 选择"修改"→"组合"命令，将两只"翅膀"组合为一个对象。

(8) 选择"矩形工具" ，绘制一个矩形，其笔触设置为"无"，填充颜色设置为"黑色"。选择"选择工具" ，调整矩形的大小、形状和位置，形成"蝴蝶的身体"，如图 4-29 所示。

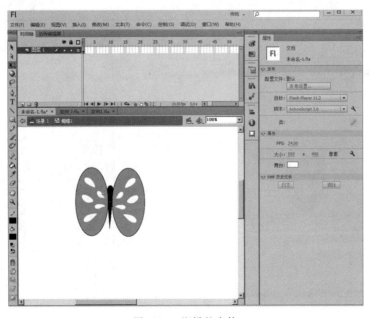

图 4-29　蝴蝶的身体

（9）选择"线条工具"，绘制一条线段。选择"选择工具"，调整线段的大小、形状和位置。按住 Ctrl 键，使用鼠标左键拖放，复制该对象。选择"修改"→"变形"→"水平翻转"命令，使所选对象水平翻转。完成"蝴蝶"的绘制，如图 4-30 所示。

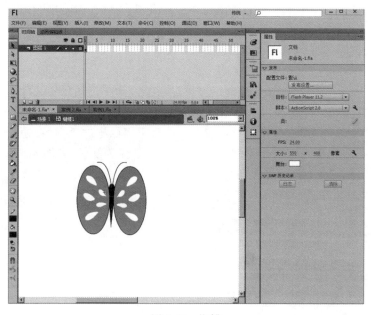

图 4-30　蝴蝶

（10）选择"选择工具"，选中"蝴蝶"对象。选择"修改"→"组合"命令，将其组合为一个对象。

（11）选择"场景 1"选项卡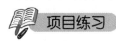，退出"蝴蝶 1"元件编辑区。

项目小结

本项目通过制作"草丛""鲜花""蝴蝶"元件，帮助读者熟悉了 Adobe Flash CS6 的图形绘制工具、编辑工具、辅助工具和颜色工具的使用，以及元件的制作过程。

项目练习

制作竹林、房屋元件。

项目 4.2　场景的设计

场景是动画的主要组成部分之一。本项目通过 Flash CS6 软件制作蓝天、白云场景。

- 掌握图形绘制、编辑工具的使用方法。

- 掌握对象颜色的设置方法。
- 掌握元件、实例和库的使用方法。

项目实施

任务1 绘制蓝天

操作步骤如下。

(1) 选择"图层1",修改图层名称为"背景"。

(2) 选择"矩形工具"▭,在舞台工作区中绘制矩形。

(3) 选择"选择工具"▶,使用鼠标左键双击舞台工作区中的矩形,在矩形工具的"属性"面板中设置矩形的宽度为 550px,高度为 400px,笔触设置为"无",如图 4-31 所示。

(4) 选择"窗口"→"对齐"命令,打开"对齐"面板,勾选"与舞台对齐"复选框,单击"水平中齐"按钮 和"垂直中齐"按钮 ,如图 4-32 所示。

图 4-31 矩形工具的"属性"面板

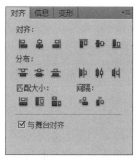

图 4-32 "对齐"面板

(5) 选择"窗口"→"颜色"命令,打开"颜色"面板,单击"填充颜色"按钮,颜色类型选择"线性渐变"选项,将左侧颜色指示块设置为"♯00FAFA",将右侧颜色指示块设置为"♯FFFFFF",如图 4-33 所示。

(6) 选择"颜料桶工具"◇,选取舞台中的矩形。

(7) 在矩形中添加线性渐变效果后,选择"渐变变形工具" ,此时,图形将会被含有控制柄的边框包围,拖动控制柄即可对渐变角度、中心位置和过渡范围进行调整,如图 4-34 所示。

(8) 选择"选择工具"▶,选取"矩形"对象。选择"修改"→"组合"命令,将其组合为一个对象,如图 4-35 所示。

(9) 选择"矩形工具"▭,单击矩形工具选项中的"对象绘制"按钮 ,在舞台工作区中绘制矩形。

图 4-33 "颜色"面板

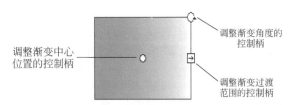
图 4-34 "渐变变形工具"控制柄

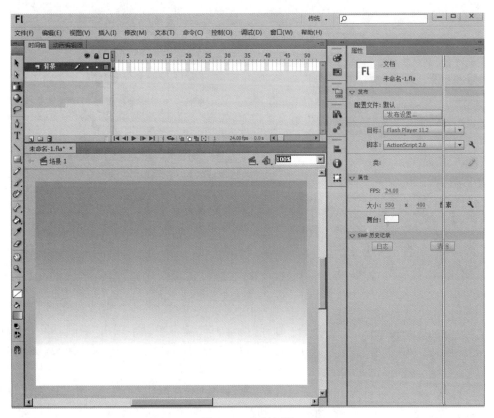
图 4-35 绘制矩形

（10）选择"选择工具"，使用鼠标左键双击舞台工作区中的矩形，在矩形工具的属性面板中设置矩形的宽度为 550px、高度为 200px，笔触设置为"无"。

（11）选择"窗口"→"颜色"命令，打开"颜色"面板，单击"填充颜色"按钮，颜色类型选择"线性渐变"选项，将左侧颜色指示块设置为"♯02BD0E"，将右侧颜色指示块设置为"♯9FF017"。

(12)选择"窗口"→"对齐"命令,打开"对齐"面板,选中"与舞台对齐"复选框,单击"水平中齐"按钮 和"底对齐"按钮。

(13)选择"选择工具",鼠标左键双击矩形,进入"绘制对象"编辑区。"渐变变形工具"按钮,拖动控制柄即可对渐变角度、中心位置和过渡范围进行调整。

(14)选择"任意变形工具",选取该矩形,单击任意变形工具选项中的"封套"按钮,调整矩形的形状,如图 4-36 所示。

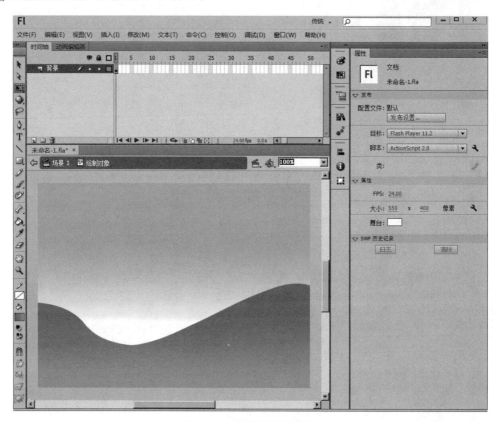

图 4-36 调整矩形的形状

图 4-37 "库"面板

(15)选择"场景1"选项卡 场景1,退出"绘制对象"编辑区。

(16)选择"窗口"→"库"命令,打开"库"面板,如图 4-37 所示。

(17)选择"库"面板中的"鲜花"元件,使用鼠标左键将"鲜花"元件拖放到舞台。

(18)选择"选择工具",选取"鲜花",按住 Ctrl 键,使用鼠标左键拖放,完成多次复制操作。

(19)选择"任意变形工具",调整"鲜花"的形状,完成多朵"鲜花"的绘制,如图 4-38 所示。

(20)选择"库",打开"库"面板。选择"库"面板中的"草丛"元件,使用鼠标左键将"草丛"元件拖放到舞台。

(21)选择"选择工具",选取"草丛",按住 Ctrl 键,使用

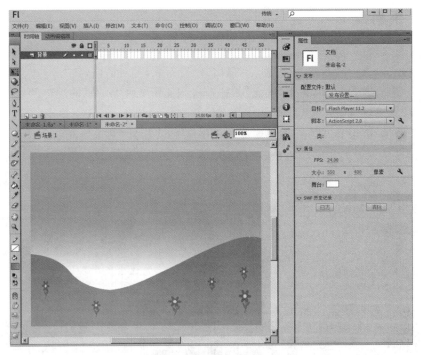

图 4-38 绘制"鲜花"

鼠标左键拖放,完成多次复制操作。

(22) 选择"任意变形工具" ,调整"草丛"的形状,完成"草丛"的绘制,如图 4-39 所示。

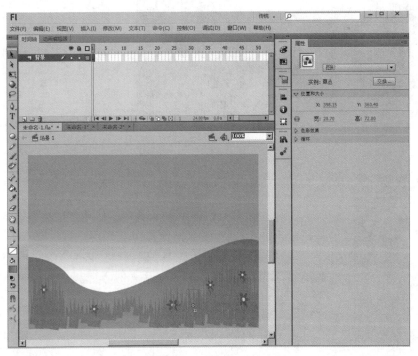

图 4-39 绘制"草丛"

任务 2 绘制白云

操作步骤如下。

（1）选择"插入"→"新建元件"命令，弹出"创建新元件"对话框，在"名称"文本框中输入"云朵"，"类型"选择"图形"，单击"确定"按钮。进入图形元件"云朵"的编辑区。

（2）选择"属性"面板，设置舞台颜色为"蓝色"。

（3）选择"椭圆工具" ，在椭圆属性面板中笔触设置为"无"，填充颜色设置为"白色"。在舞台工作区中绘制几个部分重叠的椭圆，形成云朵的形状，如图4-40所示。

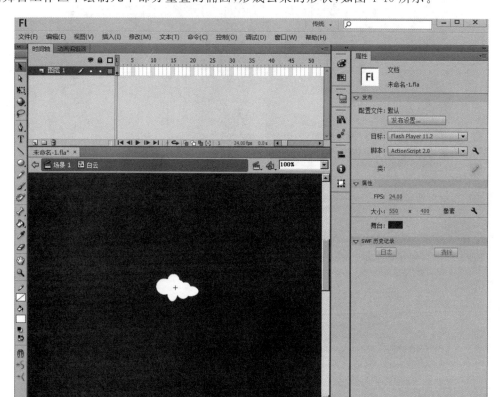

图 4-40 绘制云朵

图 4-41 "库"面板

（4）选择"场景1"选项卡 场景1，退出"云朵"元件编辑区。

（5）选择"窗口"→"库"命令，打开"库"面板，如图4-41所示。

（6）选择"库"面板中的"云朵"元件，使用鼠标左键将"云朵"元件拖放到舞台，并重复此操作。

（7）选择"任意变形工具"，调整"云朵"的形状，完成"白云"的绘制，如图4-42所示。

任务 3 绘制太阳

操作步骤如下。

（1）选择"插入"→"新建元件"命令，弹出"创建新元件"对话

图 4-42 绘制"白云"

框,在"名称"文本框中输入"太阳","类型"选择"影片剪辑",单击"确定"按钮,如图 4-43 所示。进入影片剪辑元件"太阳"的编辑区。

图 4-43 "创建新元件"对话框

视频讲解

(2)选择"椭圆工具" ,在椭圆属性面板中笔触设置为"无",填充颜色设置为"红色"。按住 Shift 键,使用鼠标左键进行拖曳,在编辑区绘制一个圆。

(3)选择"窗口"→"对齐"命令,打开"对齐"面板,勾选"与舞台对齐"复选框,单击"水平中齐"按钮 和"垂直中齐"按钮 。

(4)选择"场景 1"选项卡 ,退出"太阳"元件编辑区。

(5)单击"库"按钮 ,打开"库"面板,选中"太阳"元件,将其拖放到舞台的左上角,创建"太阳"元件的实例,如图 4-44 所示。

(6)选择"选择工具" ,选中舞台中的"太阳"。在"太阳"实例的属性面板中设置滤镜

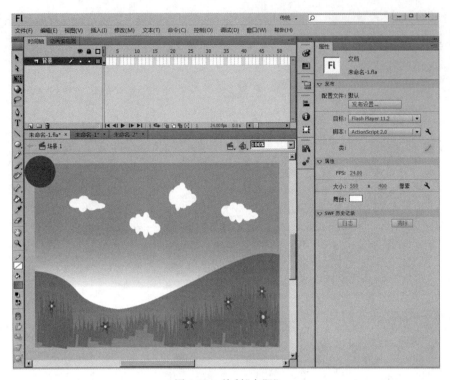

图 4-44 绘制"太阳"

效果,单击"添加滤镜"按钮,在弹出的菜单中选择"发光"命令,并设置发光的属性和属性值,如图 4-45 所示。

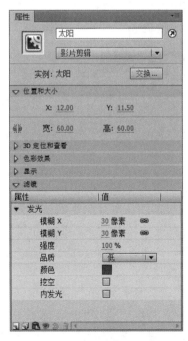

图 4-45 "太阳"的滤镜设置

（7）完成"背景"的绘制，如图 4-46 所示。

图 4-46　绘制"背景"

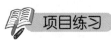

本项目制作了蓝天、白云、太阳，帮助读者掌握了 Adobe Flash CS6 的图形绘制与编辑工具的使用，滤镜的设计与使用过程。

制作夜空。

项目 4.3　动画的设计

项目描述

创建 Flash CS6 动画，是创建连续帧上的内容。本项目通过制作"文字、蝴蝶"的动态效果，帮助读者熟悉 Flash CS6 动画的制作方法。掌握文字的编辑、图层和帧的编辑、引导层动画和遮罩层动画的高级动画制作的流程。

项目目标

- 能够对文字的编辑进行熟练应用。

多媒体CAI课件制作与项目实战(微课视频版)

- 能够对图层和帧的编辑进行熟练应用。
- 能够对引导层动画制作进行熟练应用。
- 能够对遮罩层动画制作进行熟练应用。

项目实施

任务1 制作文字的动态效果

操作步骤如下。

（1）选择"插入"→"时间轴"→"图层"命令,在"时间轴"面板中,鼠标左键双击图层名称"图层2",修改图层名称为"文字",如图4-47所示。

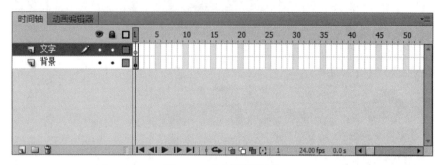

图4-47 "时间轴"面板

图4-48 文字的"属性"面板

（2）在"时间轴"面板中,选中"文字"图层中的第1帧。选择"文本工具" ,在舞台中输入文字"爱护环境,从我做起"。

（3）选择"选择工具" ,选中舞台中的文字。在其"属性"面板中设置字符的字体、样式、大小和颜色,如图4-48所示。

（4）在"时间轴"面板中,鼠标左键单击"新建图层"按钮 。在"时间轴"面板中,鼠标左键双击图层名称"图层3",修改图层名称为"文字遮罩",如图4-49所示。

（5）在"时间轴"面板中,选中"文字遮罩"图层中的第1帧。选择"矩形工具" ,在舞台工作区绘制矩形。

（6）选择"选择工具" ,选择舞台中的矩形。在其"属性"面板中设置矩形的宽度为300px、高度为60px,笔触设置为"无",填充颜色设置为"黑色"。

（7）选择"选择工具" ,选择舞台中的矩形。将矩形移动到文字的左侧,与文字水平对齐。

（8）在"时间轴"面板中,选中"文字"图层和"背景"图层中的第80帧,右击,在弹出的快捷菜单中选择"插入帧"命令,如图4-50所示。

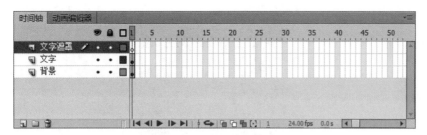

图 4-49 "时间轴"面板

图 4-50 "帧"快捷菜单

(9) 选中"文字遮罩"图层中的第 40 帧,右击,在弹出的快捷菜单中选择"插入关键帧"命令,此时"时间轴"面板如图 4-51 所示。

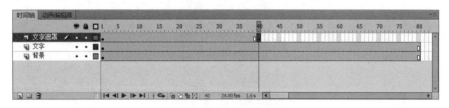

图 4-51 "时间轴"面板

(10) 选择"选择工具" ,选中"文字遮罩"图层第 40 帧舞台中的矩形。将矩形水平移动到文字的位置,使其完全覆盖文字的内容。

(11) 选中"文字遮罩"图层第 1~40 帧之间的任意一帧,右击,在弹出的快捷菜单中选择"创建传统补间"命令,如图 4-52 所示。此时"时间轴"面板如图 4-53 所示。

(12) 在"时间轴"面板中,选中"文字遮罩"图层名称,右击,在弹出的快捷菜单中选择"遮罩层"命令,如图 4-54 所示。此时"时间轴"面板如图 4-55 所示。

(13) 按 Ctrl+Enter 组合键,测试动态效果。

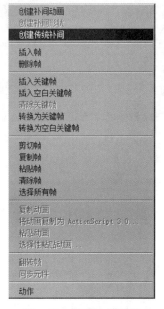

图 4-52 "帧"快捷菜单

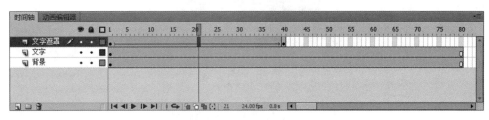

图 4-53 "时间轴"面板

图 4-54 "图层"快捷菜单

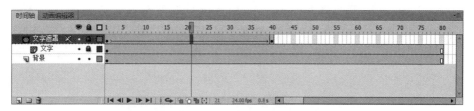

图 4-55 "时间轴"面板

任务 2 制作蝴蝶的动态效果

视频讲解

操作步骤如下。

(1) 选择"插入"→"新建元件"命令,弹出"创建新元件"对话框,在"名称"文本框中输入"蝴蝶 2","类型"选择"图形",单击"确定"按钮,如图 4-56 所示。进入图形元件"蝴蝶 2"的编辑区。

图 4-56 "创建新元件"对话框

(2) 选择"窗口"→"库"命令,打开"库"面板。选中"库"面板中的"蝴蝶 1"元件,使用鼠标左键将"蝴蝶 1"元件拖放到舞台。

(3) 单击"对齐"按钮 ,打开"对齐"面板,勾选"与舞台对齐"复选框,单击"水平中齐"按钮 和"垂直中齐"按钮 。

(4) 选择"任意变形工具" ,调整"蝴蝶 2"的形状,如图 4-57 所示。

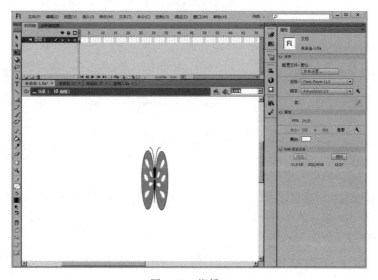

图 4-57 蝴蝶 2

(5) 选择"场景 1"选项卡，退出"蝴蝶 2"元件编辑区。

(6) 选择"插入"→"新建元件"命令，弹出"创建新元件"对话框，在"名称"文本框中输入"舞动的蝴蝶"，"类型"选择"影片剪辑"，单击"确定"按钮，如图 4-58 所示。进入影片剪辑元件"舞动的蝴蝶"的编辑区。

图 4-58 "创建新元件"对话框

(7) 在"时间轴"面板中，鼠标左键双击图层名称"图层 1"，修改图层名称为"舞动的蝴蝶"，如图 4-59 所示。

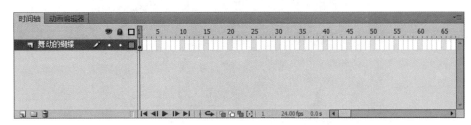

图 4-59 "时间轴"面板

(8) 单击"库"按钮，打开"库"面板。选中"库"面板中的"蝴蝶 1"元件，使用鼠标左键将"蝴蝶 1"元件拖放到舞台。

(9) 单击"对齐"按钮，在弹出的"对齐"面板中，勾选"与舞台对齐"复选框，单击"水平中齐"按钮和"垂直中齐"按钮。

(10) 选中"图层 1"图层中的第 6 帧，右击，在弹出的快捷菜单中选择"插入帧"命令，此时"时间轴"面板如图 4-60 所示。

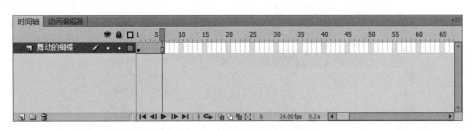

图 4-60 "时间轴"面板

(11) 选中"图层 1"图层中的第 4 帧，右击，在弹出的快捷菜单中选择"插入关键帧"命令，此时"时间轴"面板如图 4-61 所示。

(12) 选择"选择工具"，选择"舞动的蝴蝶"图层第 4 帧元件编辑区内的"蝴蝶"，在其属性面板中单击"交换"按钮，弹出"交换元件"对话框，如图 4-62 所示。选择"蝴蝶 2"元件，单击"确定"按钮。

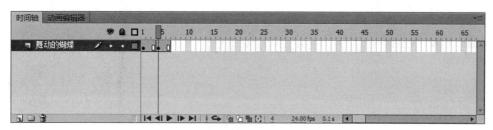

图 4-61 "时间轴"面板

图 4-62 "交换元件"对话框

（13）选择"场景 1"选项卡，退出"舞动的蝴蝶"元件编辑区。

（14）在"时间轴"面板中，单击"新建图层"按钮。在"时间轴"面板中，双击图层名称"图层 4"，修改图层名称为"蝴蝶飞"，如图 4-63 所示。

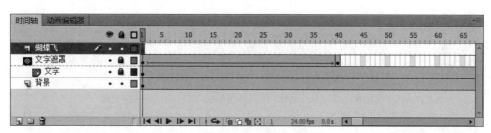

图 4-63 "时间轴"面板

（15）选中"蝴蝶飞"图层的第 1 帧，单击"库"按钮，打开"库"面板。选中"库"面板中的"舞动的蝴蝶"元件，使用鼠标左键将"舞动的蝴蝶"元件拖放到舞台。

（16）选择"任意变形工具"，调整"蝴蝶"的大小和方向。

（17）选中"蝴蝶飞"图层的第 70 帧，右击，在弹出的快捷菜单中选择"插入关键帧"命令，选择"选择工具"，移动蝴蝶的位置。

（18）选中"蝴蝶飞"图层第 1~70 帧之间的任意一帧，右击，在弹出的快捷菜单中选择"创建传统补间"命令，此时"时间轴"面板如图 4-64 所示。

（19）在"时间轴"面板中，选中"蝴蝶飞"图层，右击，在弹出的快捷菜单中选择"添加传统运动引导层"命令，此时"时间轴"面板如图 4-65 所示。

（20）选中"引导层：蝴蝶飞"图层的第 1 帧，选择"铅笔工具"，在舞台工作区绘制一

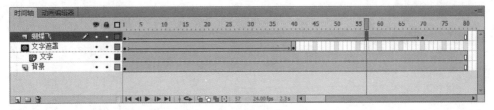

图 4-64 "时间轴"面板

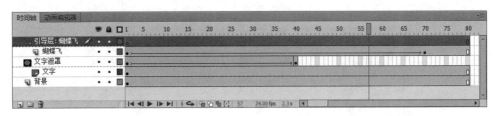

图 4-65 "时间轴"面板

条曲线。

（21）选中"蝴蝶飞"图层的第 1 帧，选择"选择工具"，选中"舞动的蝴蝶"对象，移动"蝴蝶"对象的位置，将对象的中心点放在曲线上。

（22）选中"蝴蝶飞"图层的第 70 帧，选择"选择工具"，选中"舞动的蝴蝶"对象，移动"蝴蝶"对象的位置，将对象的中心点放在曲线上。

（23）选中"蝴蝶飞"图层第 1～70 帧之间的任意一帧，在其"属性"面板中，选择"调整到路径"选项，如图 4-66 所示。

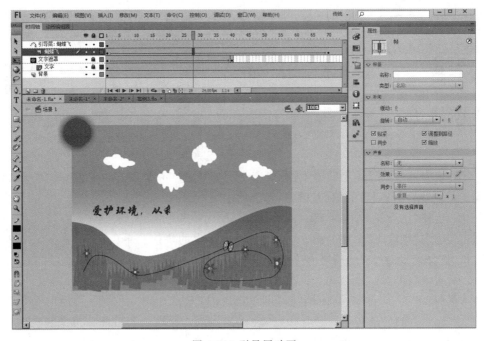

图 4-66 引导层动画

(24) 按 Ctrl+Enter 组合键,测试动态效果。

(25) 选择"文件"→"另存为"命令,保存文件。

(26) 选择"文件"→"导出"→"导出影片"命令,弹出"导出影片"对话框,选择保存的文件夹,输入文件名称,选择保持类型,如图 4-67 所示。

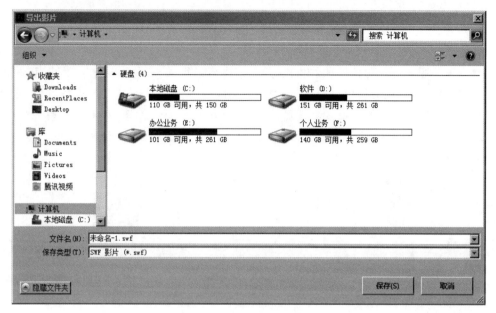

图 4-67 "导出影片"对话框

本项目制作了文本和图形的动态效果,帮助读者熟悉了 Adobe Flash CS6 的文本的创建与编辑、图层与帧的应用和引导层动画和遮罩层动画的制作过程。

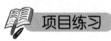

制作《春晓》的动态效果。

模块五　网页型多媒体课件设计与制作

网页型多媒体课件与传统课件相比,具有信息容纳量大、多种素材融合等特点,并且是一个开放的体系,方便对课件进行修改、增加和删除等编辑操作,易于在网上传输、流通与共享等。目前比较流行的网页制作软件是美国 Macromedia(2005 年被 Adobe 收购)公司开发的 Dreamweaver 8,该软件是集网页制作和网站管理于一体的网页制作软件。

知识树

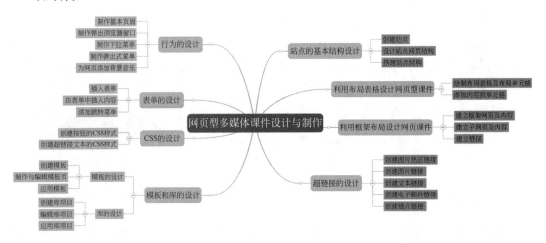

项目 5.1　站点的基本结构设计

在 Dreamweaver 中,站点既指 Internet 服务器上的站点,也指本地计算机中的本地站点。通常,应先在本地计算机上构建本地站点,创建合理的站点结构,使用合理的组织形式来管理站点中的文档,并对站点进行必要的测试,在全部准备好之后,再将整个站点所有内容上传到 Internet 服务器上,以便于浏览。

本项目通过为"软件项目管理"课程设计网页型多媒体教学课件,搭建站点并做结构设计,帮助读者了解制作网页型多媒体课件站点基本结构设计和站点的基本操作,能够创建一个简单的网页型课件的站点。

- 能够进行站点的创建、保存等基本操作。

- 能够对一个站点进行基本的结构设计。

任务实施

任务1 创建站点

网站是指在 Internet 上根据一定的规则，使用 HTML 等工具制作的用于展示特定内容的相关网页的集合，而站点则是网站用于管理其内容的场所，有利于编辑、修改设计的网页及相关参数。创建站点是网页设计的关键之一。

操作步骤如下。

（1）打开 Dreamweaver 8 软件，选择"站点"→"新建站点"命令，如图 5-1 所示。

图 5-1 新建站点

（2）打开"未命名站点 1 的站点定义为"对话框，在"您打算为您的站点起什么名字？"文本框中输入新建站点的名字"MyFirstSite"，如图 5-2 所示。

图 5-2 "未命名站点 1 的站点定义为"对话框——输入站点名字

(3) 单击"下一步"按钮,在该对话框中需要选择是否使用服务器技术。本任务选择"否,我不想使用服务器技术",如图 5-3 所示。

图 5-3 "MyFirstSite 的站点定义为"对话框——是否使用服务器技术

(4) 单击"下一步"按钮,在该对话框中需要选择在开发过程中如何使用文件,本任务选择默认选项"编辑我的计算机上的本地副本,完成后再上传到服务器(推荐)"。单击"您将把文件存储在计算机上的什么位置?"文本框右侧黄色文件夹按钮,选择要存储的磁盘路径,如 F:\MyFirstSite,如图 5-4 所示。

图 5-4 "MyFirstSite 的站点定义为"对话框——使用文件

（5）单击"下一步"按钮，在该对话框中需要选择如何连接到远程服务器，本任务选择"无"。因为在前面的步骤中选择的是不使用服务器技术，这里应与之对应，如图 5-5 所示。

图 5-5　"MyFirstSite 的站点定义为"对话框——连接到远程服务器

（6）单击"下一步"按钮，在该对话框中可以看到前面几个步骤设置的结果，如果需要更改，则单击"上一步"按钮进行设置修改；如果已经确定，则单击"完成"按钮，如图 5-6 所示。Dreamweaver 8 工作界面右下角会出现新建网站站点。

图 5-6　"MyFirstSite 的站点定义为"对话框——总结

任务2 设计站点网页结构

网页结构即网页内容的布局。创建网页结构实际上就是对网页内容的布局进行规划,网页结构的创建是页面优化的重要环节之一,会直接影响页面的用户体验及相关性,而且还在一定程度上影响网站的整体结构及页面被收录的数量。

操作步骤如下。

(1)根据"软件项目管理"课程网站的内容特点,设计其站点网页整体结构,如图5-7所示。

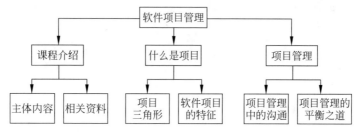

图5-7 站点网页结构

(2)构思主页布局。网页型多媒体课件通常分为主页及分页面,网站主页布局主要指主页的框架和排版。主页的布局设计可以简单大气为主,将重要的内容展示给用户。合理的设计应该让网站根据屏幕的大小划分模式,并在显示器中以整个屏幕或半屏幕呈现,然后根据重要性从上到下和从左到右进行布局,以此来满足大多数用户的浏览习惯。本案例中主页布局设计如图5-8所示。

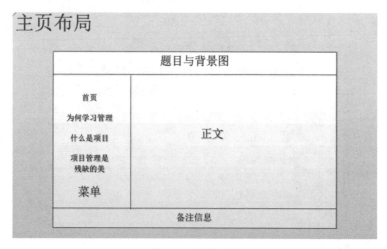

图5-8 主页布局

图5-9 分类保存网站素材

(3)将收集好的网站素材元素分类保存。根据网页的设计及需要,整理已经收集好的制作网页所需要的素材元素,如文字、图片、动画、声音等,保存在各个分类文件夹中,文件夹的命名通常采用见名知意法,使用英文全拼或缩写名,如图5-9所示。

任务3　搭建站点结构

站点是文件与文件夹的集合，根据要制作的 MyFirstSite 站点网页型课件的设计及内容，新建站点需要设置文件和文件夹。

（1）新建文件夹。在文件面板的站点目录下右击，在弹出的快捷菜单中选择"新建文件夹"命令，如图 5-10 所示。然后给文件夹命名。在本项目中创建 8 个文件夹，分别命名为 image、media、css、swf、txt、js、moan 和 fy。

图 5-10　站点新建文件夹

（2）创建页面。为"软件项目管理"课程网站创建全部的页面。

操作步骤如下。

① 在文件面板的站点根目录下右击，在弹出的快捷菜单中选择"新建文件"命令，然后给文件命名，首先为其添加一个首页，命名为 index.html，如图 5-11 所示。

图 5-11　站点新建首页

② 根据需要新建其他需要的页面，并进行相应的命名即可。

（3）文件和文件夹的管理。对建立的文件和文件夹，可以进行移动、复制、重命名和删除等基本的管理操作。单击选中需要管理的文件和文件夹,然后右击,在弹出的快捷菜单中选择"编辑"选项,即可进行相关操作。

项目小结

本项目通过为"软件项目管理"课程教学课件做准备工作,帮助读者了解网页型课件的站点基本结构的设计,能够制作一个简单的网页型课件的站点。

任选内容制作网页型课件,为其新建一个站点并搭建其基本结构。

要求:

(1) 新建一个站点。

(2) 设计站点网页结构。

(3) 整理素材,分类保存。

(4) 搭建站点结构。

项目 5.2　利用布局表格设计网页型课件

项目描述

在网页设计的各种要素中,网页布局设计是其中的重要一项。网页布局设计就是在页面内对组成网页的基本元素进行合理的组织安排,使网页便于浏览、阅读和理解,网页布局清晰、美观。

布局视图是一种特殊的表格视图,它的作用是用可视化的方法在页面上绘制复杂的表格。在布局视图中,用户可以在页面上绘制任意数量和大小的表格,而且在表格中的任意位置上还可以绘制任意数量和大小的单元格。

本项目通过使用布局表格制作如图 5-12 所示的网页。

图 5-12　项目 5.2 网页效果图

- 了解常用网页内容的组成要素。
- 了解常见网页的布局方式。
- 掌握布局表格的基本操作,并能使用布局表格进行页面布局的设计。

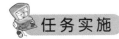

任务1 绘制布局表格及布局单元格

1. 打开 MyFirstSite 中的网页 index.html

2. 绘制顶部布局表格

操作步骤如下。

视频讲解

(1) 打开首页 index.html,选择"文件"→"查看"→"表格模式"→"布局模式",将视图切换到"布局视图",选择"插入"→"布局对象"→"布局表格"命令,鼠标指针变成加号,定位鼠标指针到页面上,然后单击并拖动鼠标来创建布局表格,如图 5-13 所示。

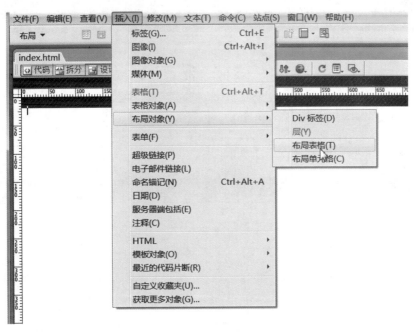

图 5-13 创建布局表格

(2) 设置布局表格属性,在"属性"面板中将布局表格设置为宽 1200px,高 100px,表格效果如图 5-14 所示。

(3) 选择"插入"→"布局对象"→"布局单元格"命令,在布局表格内分别绘制三个布局单元格,宽度分别为 250px、800px、150px,高度与布局表格等高,表格效果如图 5-15 所示。

3. 绘制导航栏布局表格

操作步骤如下。

图 5-14　设置布局表格宽高

图 5-15　在布局表格中插入布局单元格

(1) 继续绘制一个布局表格,宽 1200px,高 80px,表格效果如图 5-16 所示。

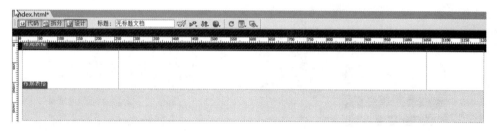

图 5-16　插入布局表格

(2) 切换到标准视图,如图 5-17 所示。

图 5-17　标准视图下的布局

4. 绘制右下面内容布局表格

操作步骤如下。

(1) 在绘制好的导航布局表格下,继续绘制一个布局表格,宽 1200px,高 480px,用于放置网页的主体内容。

(2) 使用布局单元格,将内容布局表格,分成 2 行,第 1 行高 358px,第 2 行高 122px。第 1 行分成 3 列,宽度分别为 150px、200px、850px。切换到标准视图,如图 5-18 所示。

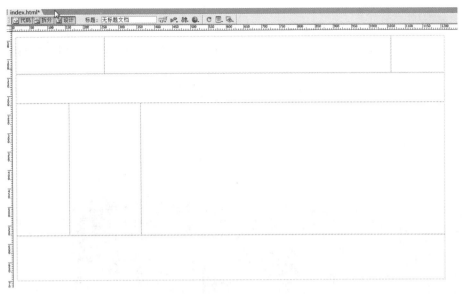

图 5-18　标准视图下的布局

任务 2　添加内容到单元格

(1) 根据要完成的效果图,将文件夹 images 中的图像元素添加到单元格。
(2) 根据要完成的效果图,将文字元素添加到单元格。
完成后的网页效果在浏览器中的显示如图 5-19 所示。

视频讲解

图 5-19　网页效果图

模块五　网页型多媒体课件设计与制作

项目小结

本项目通过制作如图 5-19 所示网页，帮助读者掌握了如何利用布局表格进行网页型课件的设计。

同步练习

根据所提供素材，完成如图 5-20 所示网页。

要求：利用布局表格完成网页布局。

图 5-20 同步练习网页效果图

项目 5.3 利用框架布局设计网页型课件

 项目描述

"软件项目管理"课程网站，所需文字、图片等资料已收集完毕，请为"软件项目管理"课程网站制作如图 5-21～图 5-24 所示的网站首页及各子页面。

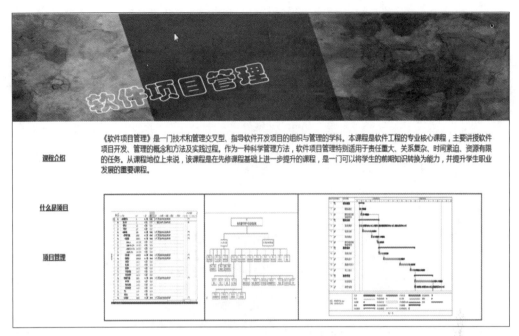

图 5-21 "软件项目管理"课程网站首页

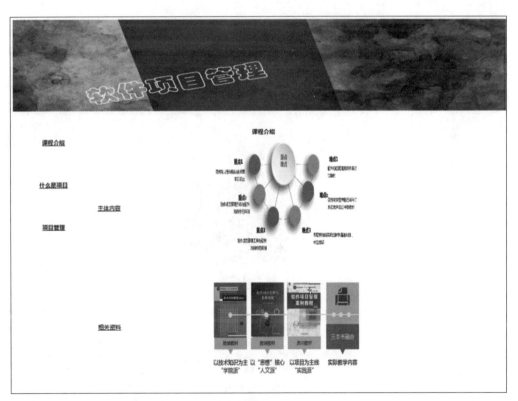

图 5-22 "软件项目管理"课程网站"课程介绍"子网页

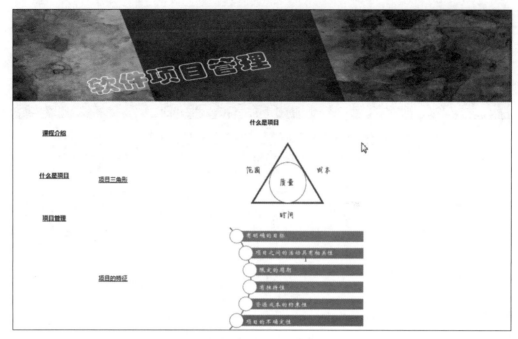

图 5-23 "软件项目管理"课程网站"什么是项目"子网页

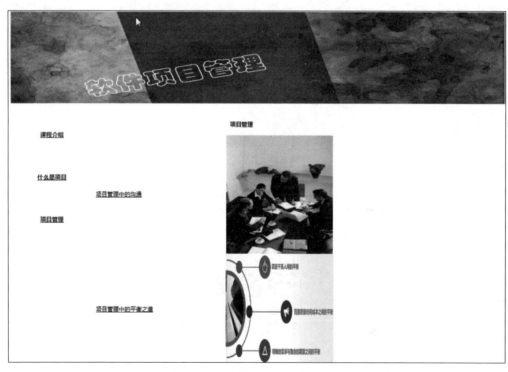

图 5-24 "软件项目管理"课程网站"项目管理"子网页

项目目标

- 能够掌握框架的基本操作。
- 能使用框架进行页面布局的设计。

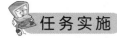
任务实施

"软件项目管理"课程网站各个网页的上部和左侧的网页是相同不变的,只有网页右侧内容随着左侧单击不同的链接而发生变化,这样的网页适合用框架来制作。网页被划分成了上、左、右三部分。其中,上面的网页作为网站 LOGO,左侧的网页设置目录超链接文字,右侧网页放置与左侧链接相关的内容。各网页相互独立,但又通过超链接相互联系,所以采用框架的方式进行页面布局的设计。

任务1 建立框架网页及内容

视频讲解

1. 打开站点 MyFirstSite

2. 建立框架网页及内容

操作步骤如下。

(1) 新建框架网页。选择"文件"→"新建"→"框架集"→"上方固定,左侧嵌套",如图 5-25 所示,新建一个框架网页。

图 5-25 新建框架网页

(2) 单击"创建"按钮,弹出如图 5-26 所示"框架标签辅助功能属性"对话框。三个框架默认命名为 mainFrame、topFrame 和 leftFrame,如图 5-26 所示。

模块五 网页型多媒体课件设计与制作

图 5-26 "框架标签辅助功能属性"对话框

（3）在 topFrame 中插入图片，插入以后效果如图 5-27 所示。

图 5-27 框架网页中 topFrame 插入图片后效果图

（4）在 leftFrame 框架网页中插入内容。单击"插入"→"表格"，在 leftFrame 框架网页中插入 3 行 1 列表格，宽度为 100%，间距、边距、填充、边框均为 0。分别在表格的单元格中填入目录的名称，并为每个目录名称建立超链接，页面为空，后面将对应的子页面链接与之对应的目录名称，如图 5-28 所示。

（5）在 mainFrame 框架网页中插入内容。在 mainFrame 框架中编辑如图 5-29 所示效果的内容。

图 5-28 leftFrame 框架网页内容

图 5-29 mainFrame 框架网页内容

任务 2　建立子网页及内容

（1）在网站中新建一个用来展示"课程介绍"的 HTML 网页，命名为 1.html。选择"修改"→"页面属性"，弹出"页面属性"对话框，将页面的上、下、左、右边距均设为 0 像素，如图 5-30 所示。

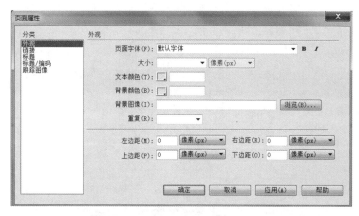

图 5-30　子网页"页面属性"对话框

（2）制作用于页面布局的表格并插入内容。

操作步骤如下。

① 在网页中插入一个 6 行 3 列的表格，填充、边距、间距均为 0 像素。

② 在网页中插入如图 5-31 所示图片及文字。

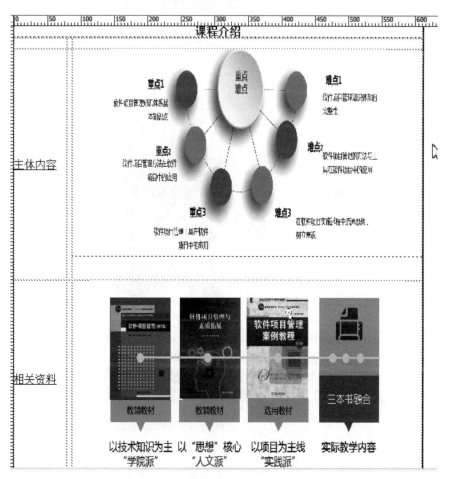

图 5-31　子网页"课程介绍"网页效果图

（3）同样的方法，分别新建并制作介绍"什么是项目"和"项目管理"等页面，命名为2.html、3.html，分别如图5-32和图5-33所示。

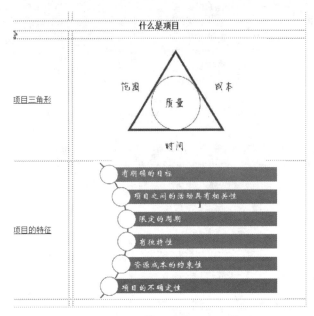

图5-32　子网页"什么是项目"网页效果图

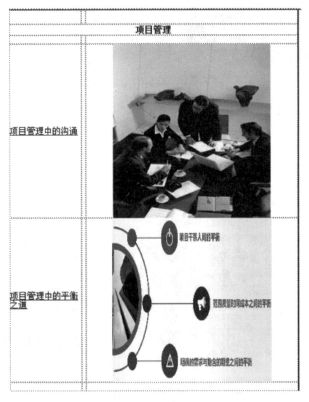

图5-33　子网页"项目管理"网页效果图

任务3　建立链接关系

建立链接关系具体内容将在项目5.4"备注"中详细讲解，在此不再赘述。

视频讲解

项目小结

本项目通过制作"软件项目管理"课程网站，帮助读者掌握了如何利用框架布局进行网页型课件的设计。涉及知识点如下。

（1）了解框架的应用场景。

（2）框架的建立与保存。

（3）使用框架进行网页型课件的设计与实现。

同步练习

小豆丁手机网是一家专门售卖手机的公司，请根据所提供素材，为其完成如图5-34～图5-37所示网站首页及各子网页。

要求：利用框架完成整个网站布局设计。

图5-34　手机网站首页

图5-35　手机网站子网页"vivo手机"页面

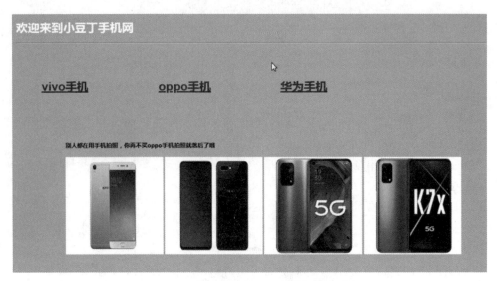

图 5-36　手机网站子网页"oppo 手机"页面

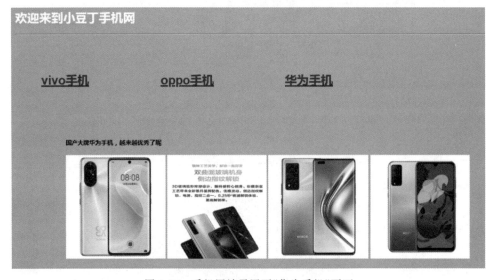

图 5-37　手机网站子网页"华为手机"页面

项目 5.4　超链接的设计

项目描述

网页型课件重要的是它具有网络相连的特性,这些网络相连的特性是通过超链接来完成的。超链接是一种允许用其他网页或站点之间进行链接的元素。各个网页链接在一起才能真正构成一个网站。

请在如图 5-38 所示的网页中所标示的位置,分别实现相应的链接效果。

(1) 在位置1处创建图片热区链接,且当鼠标指针经过轮廓时有超链接出现。
(2) 在位置2处创建链接,链接目标为goutong.html。
(3) 在位置3处各目录实现文字链接。
(4) 在位置4处创建电子邮件链接。
(5) 为目录"肢体语言"创建链接到内容"3.肢体语言"的锚点。

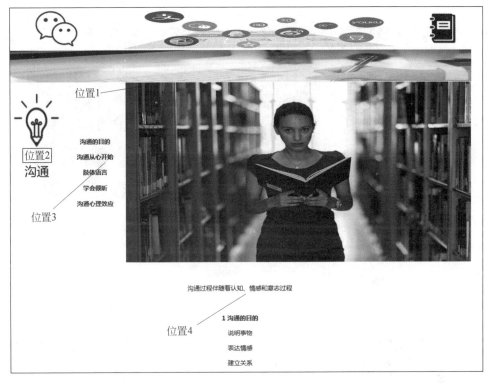

图 5-38　原网页

- 创建图片和图片热区链接。
- 创建文字链接。
- 创建电子邮件链接。
- 创建锚点链接。

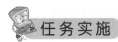

任务1　创建图片热区链接

(1) 在 Dreamweaver 8 中打开所给资料中 index.html 文件,选中要创建热区链接的图片(图 5-38 中位置1),选择"属性"面板上的矩形热区工具,如图 5-39 所示。
(2) 在图片的"网站说明"文字处手动用鼠标画出一个覆盖文字的矩形区域,如图 5-40 所示。

图 5-39　"属性"面板-矩形热区工具

图 5-40　画矩形区域

(3) 在"属性"面板上,可以单击链接后的"浏览"按钮,选择链接的目标文件,此处输入 first.html 文件,目标选择_blank,如图 5-41 所示。

图 5-41　创建热区链接

重复以上操作,可以分别为图片上的各种位置创建热区链接。

注意,当目标链接文件还没有建立时,可以在"链接"地址处输入一个"♯"号,在创建好目标文件时再替换成目标文件即可。

任务 2　创建图片链接

(1) 打开 index.html 文件,选中要创建链接的图片(图 5-38 中位置 2),在"属性"面板中设置链接地址、目标和替换文本,如图 5-42 所示。

图 5-42　创建图片链接

(2)选择"文件"→"保存"命令,按 F12 键浏览页面。

任务 3　创建文本链接

(1)选中要创建链接的文字"沟通的目的"(图 5-38 中位置 3),在"属性"面板中输入链接地址"#",目标选项设置为_blank,如图 5-43 所示。

图 5-43　创建文本链接

(2)重复以上操作,为此处的其他文本创建超链接。

(3)选择"文件"→"保存"命令,按 F12 键浏览页面。

注意,项目 5.3 任务 3 建立链接关系的操作步骤如下。

(1)选中 leftFrame 中的超链接文字,将"课程介绍"链接到 1.html,"什么是项目"链接到 2.html,"项目管理"链接到 3.html。

(2)如图 5-44 所示,在"属性"面板中均将链接目标选项值设置为 mainFrame。

图 5-44　目录文字链接属性面板

任务 4　创建电子邮件链接

(1)将光标移动到插入电子邮件的位置(图 5-38 中位置 4),选择"插入"→"电子邮件链接"命令,弹出"电子邮件链接"对话框,在该对话框中输入要显示的文本和电子邮件的目标链接地址,如图 5-45 所示。

图 5-45　"电子邮件链接"对话框

(2)也可以通过类似创建文本链接的方式,创建电子邮件链接,选中文本,在属性的链接处输入邮件地址。

(3)选择"文件"→"保存"命令,按 F12 键浏览页面,如图 5-46 所示。

图 5-46　页面效果图

任务 5　创建锚点链接

(1) 选中表格下方内容中的"3.肢体语言",把光标移动到"3.肢体语言"的前面。移动好之后,单击"工作区"→"常用"→"命名锚记"按钮,如图 5-47 所示。如果没有图中所示的图标,可以单击"窗口",勾选"插入"即可。

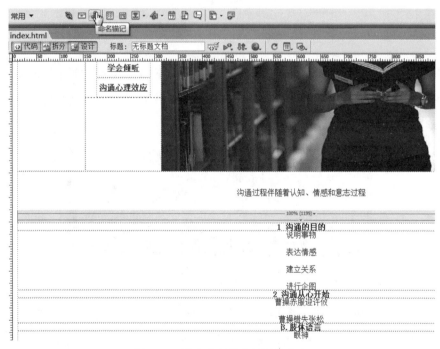

图 5-47　选中进行锚点标记的内容

（2）单击"命名锚记"按钮，弹出"命名锚记"对话框，给锚点添加名称，不要用汉字命名，此处将此锚点命名为"md3"，如图 5-48 所示。

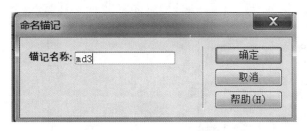

图 5-48　"命名锚记"对话框

（3）单击"确定"按钮，添加完锚点标记后，文字前面会有一个锚的小图标，如图 5-49 所示。

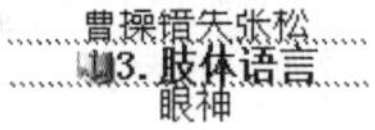

图 5-49　添加锚点标记后效果

（4）回到左侧选中目录"肢体语言"链接，在属性设置界面，将锚点名称（md3）填写进链接内容，记得加"♯"号。一个页面可以有很多的锚点，所以这里必须要加"♯"号，如图 5-50 所示。

图 5-50　添加锚点链接

（5）选择"文件"→"保存"命令，按 F12 键浏览页面。

项目小结

本项目通过为网页所标记位置处实现超链接，帮助读者掌握在网页型课件中超链接的应用。

同步练习

请在如图 5-51 所示的网页中所标示的位置，分别实现如下相应的链接效果。

（1）在位置 1 处创建图片热区链接。

（2）在位置 2 处实现文字链接。

（3）在位置 3 处创建链接，链接目标为该图片。

（4）在位置 4 处创建电子邮件链接。

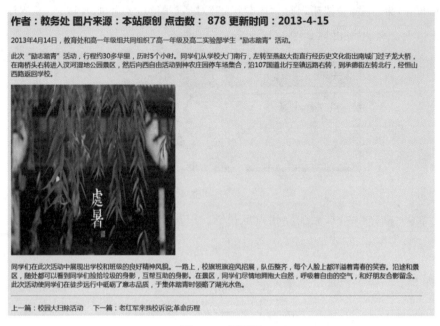

图 5-51　原页面

项目5.5　行为的设计

 项目描述

为了让读者在软件项目管理课程网页的使用中有更好的体验,需要在制作软件项目管理课程网页上添加一些动态交互式功能。

制作具有动态交互功能的网页。

(1) 打开网页,弹出浏览器窗口,如图5-52所示。

图 5-52　原页面

(2) 制作下拉菜单,如图 5-53 所示。

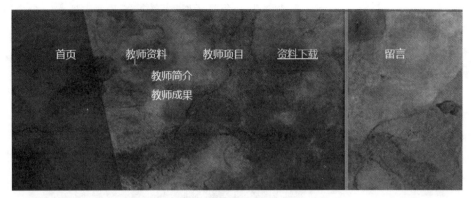

图 5-53　原页面下拉菜单

(3) 制作弹出式菜单,如图 5-54 所示。

图 5-54　弹出式菜单

(4) 为网页添加背景音乐,单击网页中"打开背景音乐"链接可播放音乐。

- 能够理解网页中行为的概念。
- 能够理解网页中动作的概念。
- 能够使用 Dreamweaver 8 的内置行为设计动态交互式网页型课件。

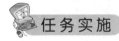

任务 1　制作基本页面

(1) 打开 Dreamweaver 8,建立一个站点,并新建一个空白页面,命名为 index.html。将页面属性设置为上、下、左、右边距均为 0。

(2) 插入用于布局页面元素的表格。插入一个 3 行 2 列的表格,表格不显示边框,调整至充满整个页面。

(3) 表格内插入图片和文字。在表格第 1 行第 1 列内插入图片,第 2 行第 1 列内插入图片,第 3 行第 1 列内插入表格,在第 1 行第 2 列输入"欢迎进入软件项目管理课程网站",

换行输入"打开背景音乐"并添加空链接。

（4）插入嵌套表格。表格第 2 行合并为一个单元格，第 3 行第 2 列内插入一个 1 行 5 列的表格，宽度为 100%，在 5 个单元格内依次输入"文字首页""教师资料""教师项目""资料下载""留言板"。

任务 2　制作弹出浏览器窗口

弹出窗口是指打开网页、软件、手机 App 等的时候自动弹出的窗口。

操作步骤如下。

（1）创建被弹出页面。新建一个网页，命名为 pop.html，页面内输入简单的图片和文字，如图 5-55 所示。

图 5-55　pop.html

（2）添加"打开浏览器窗口"动作。在网站首页 index.html 中，选择 body 标签，打开"行为"面板，单击加号按钮，在"行为"菜单中选择"打开浏览器窗口"命令，如图 5-56 所示，弹出"打开浏览器窗口"对话框。

图 5-56　打开浏览器窗口

（3）选择弹出窗口对应的文件。在要显示的 URL 中输入窗口文件的路径，或者单击"浏览"按钮，找到弹出窗口对应的文件，设置好弹出窗口的宽度和高度，如图 5-57 所示。

图 5-57　"打开浏览器窗口"对话框

（4）设定触发动作的事件。单击"确定"按钮，更改触发弹出窗口的事件为 onLoad，如图 5-58 所示。

图 5-58　设定触发动作事件为 onLoad

任务 3　制作下拉菜单

视频讲解

下拉式菜单是菜单的一种表现形式。当用户选中一个选项后，该菜单会向下延伸出具有其他选项的另一个菜单。

操作步骤如下。

（1）制作要显示和隐藏的层内容。在"教师资料"下面，绘制层 layer4，并在层内插入 2 行 1 列的表格，输入单元格文字，如图 5-59 所示。

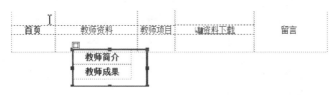

图 5-59　绘制菜单层

（2）添加显示层动作。选择"教师资料"单元格，打开"行为"面板，单击加号按钮，在"行为"菜单中选择"显示-隐藏层"选项，弹出"显示-隐藏层"对话框，如图 5-60 所示。选中 layer4，单击"显示"按钮后确定。

（3）添加隐藏层动作。再次选择"教师资料"单元格，添加"显示-隐藏层"动作，选择 layer4，单击"隐藏"按钮后确定。

（4）设定触发事件。把触发"显示层"动作的事件设置为 onMouseOver，触发"隐藏层"动作的事件设置为 onMouseOut，如图 5-61 所示。

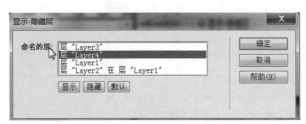

图 5-60　"显示-隐藏层"对话框

图 5-61　添加显示层动作

任务 4　制作弹出式菜单

弹出式菜单是菜单的一种表现形式，为用户交互提供了便利。操作步骤如下。

（1）选择对象。选择文字"资源下载"，为其添加空链接。

(2)设置选项卡内容。打开"行为"面板,单击"+"按钮,在行为菜单中选择"显示弹出式菜单",弹出"显示弹出式菜单"对话框,如图 5-62 所示。

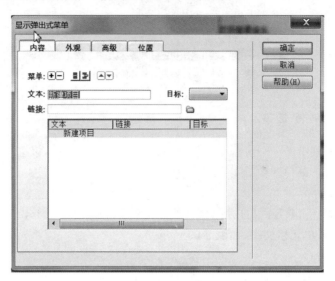

图 5-62 "显示弹出式菜单"对话框

① "内容"选项卡:此选项卡可设置菜单内容,在"文本"文本框中输入文本即可,单击"+"按钮可输入多个菜单选项,如图 5-63 所示。

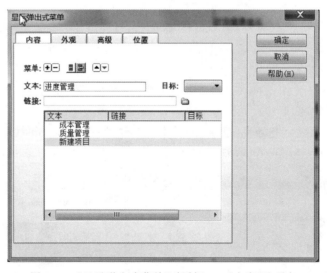

图 5-63 "显示弹出式菜单"对话框——"内容"选项卡

② "外观"选项卡:在此选项卡中,可设置菜单项的字体、大小、颜色等,如图 5-64 所示。
③ "高级"选项卡:在此选项卡中,可设置菜单项的单元格高度、宽度、边距等,如图 5-65 所示。
④ "位置"选项卡:在此选项卡中,可设置菜单项相对于菜单出现的位置,可选右下、正下、正上、右上以及自定义位置,默认勾选"在发生 onMouseOver 事件时隐藏菜单"复选框,如图 5-66 所示。

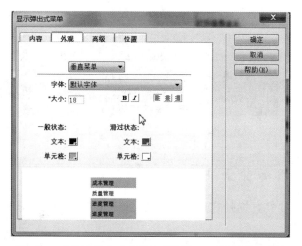

图 5-64 "显示弹出式菜单"对话框——"外观"选项卡

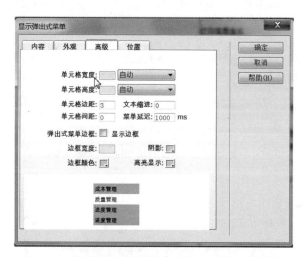

图 5-65 "显示弹出式菜单"对话框——"高级"选项卡

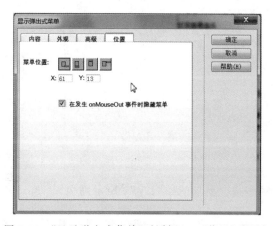

图 5-66 "显示弹出式菜单"对话框——"位置"选项卡

在完成上述设置后,单击"确定"按钮,效果如图 5-67 所示。

图 5-67　弹出式菜单效果图

视频讲解

任务5　为网页添加背景音乐

（1）选择行为的对象。选择在网页中控制音乐播放的对象,即"打开背景音乐"文字链接。

（2）选择要播放的声音文件。打开"行为"面板,单击"＋"按钮,在"行为"菜单中选择"播放声音"选项,弹出"播放声音"对话框,如图 5-68 所示。在文本框中输入音乐文件的路径,或者单击"浏览"按钮找到音乐文件的路径,然后单击"确定"按钮即可。

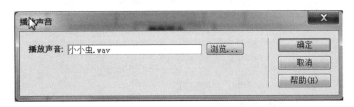

图 5-68　"播放声音"对话框

（3）设置触发动作的事件。选择事件,看默认事件是不是需要重新设定,可在事件菜单中进行选择,如图 5-69 所示。如果希望单击链接文字后播放,选择 onClick 事件；如果希望网页加载后自动播放,选择 onLoad 事件。

图 5-69　设定"播放声音"的触发动作事件

项目小结

本项目通过为制作具有动态交互功能的软件项目管理课程网页,帮助读者掌握了网页型课件中行为的设计。

 同步练习

请根据所给素材,制作符合要求的如图 5-70 所示网页。

要求：

（1）制作如图 5-70 所示的基本网页。

（2）为"小明星们"制作下拉菜单,子菜单内容为：TFBoys、粉丝团、其他。

(3)为"了解更多"制作弹出式菜单,子菜单内容为:注册、登录、找回密码。

(4)为网页添加背景音乐,单击网页中"畅听音乐吧"可播放音乐文件"两个人的剧场.mp3"。

图 5-70　基本网页

项目 5.6　表单的设计

视频讲解

项目描述

在 Dreamweaver 中可以创建各种各样的表单,表单中可以包含各种对象,例如文本域、按钮、列表等。

制作一个如图 5-71 所示的留言表单。

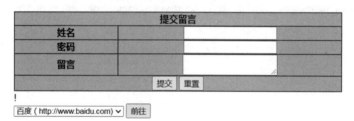

图 5-71　表单效果图

项目目标

- 能够在网页中制作表单。
- 能够使用表单中各类型控件。

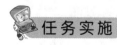

任务实施

任务 1　插入表单

在网页中添加表单时,首先必须创建表单。表单在浏览页中属于不可见元素,在

Dreamweaver 8 中插入一个表单。当页面处于"设计"时,用红色的虚轮廓线指示表单。如果没有看到此轮廓线,检查是否选中了"查看"→"可视化助理"→"不可见元素"。

(1) 将鼠标指针放在表单需要出现的位置,选择"插入"→"表单"→"表单"命令,如图 5-72 所示。

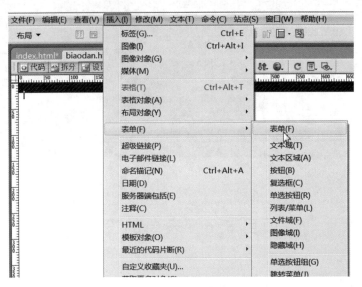

图 5-72 插入表单

(2) 即可以在界面中显示如图 5-73 所示红色的虚轮廓线。

图 5-73 插入表单后效果图

(3) 用鼠标选中表单,在"属性"面板上可以设置表单的各项属性,各属性设置值如图 5-74 所示。

图 5-74 设置表单属性

在"动作"文本框中指定处理该表单的动态或脚本的路径,此处设置为发送至邮箱 410730889@qq.com。在"方法"下拉列表中,选择将表单数据传输到服务器的方法。

注意,表单方法有: post 方法是为在 HTTP 请求中嵌入表单数据,get 方法是将值追加到该页的 URL 中。默认使用浏览器的默认设置将表单数据发送到服务器。通常默认为 get 方法。

任务2 在表单中插入内容

1. 在表单中插入表格

操作步骤如下。

（1）将鼠标指针放在表单中，选择"插入"→"表格"命令。在表单中插入一个5行2列的表格，如图5-75所示。

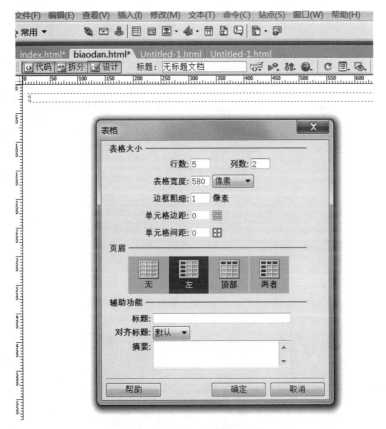

图5-75 在表单中插入表格

（2）单击"确定"按钮后，效果如图5-76所示。

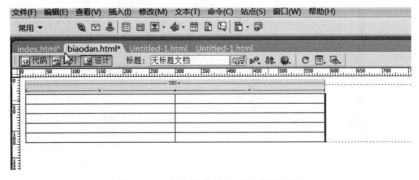

图5-76 在表单中插入表格的效果图

（3）如图 5-77 所示将表格的第 1 行与第 5 行分别合并单元格成为一列，合并完成后如图 5-78 所示。

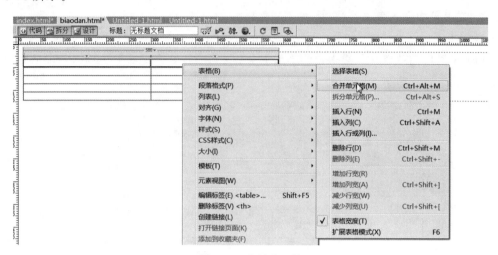

图 5-77　合并单元格

图 5-78　合并单元格后效果图

2．在表格中插入内容

操作步骤如下。

（1）在第 1 行中输入文本"提交留言"；在第 2 行选择"插入"→"表单"→"文本域"命令，如图 5-79 所示。

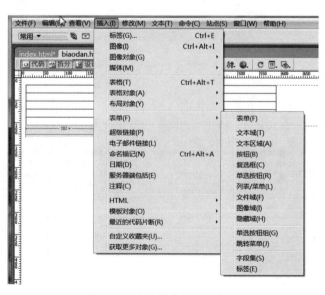

图 5-79　在表单中插入文本域

（2）在弹出的对话框中，进行如图 5-80 所示设置。

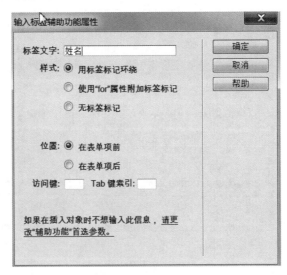

图 5-80　设置标签属性

（3）单击"确定"按钮，如图 5-81 所示。

图 5-81　添加"姓名"文本域后效果图

（4）将姓名剪切到第 2 行第 1 列，同时设置第 2 行第 2 列为居中显示，如图 5-82 所示。

图 5-82　添加"姓名"文本域后效果图

（5）同样的操作设置第 3 行，如图 5-83 所示。

图 5-83　添加"密码"文本域后效果图

（6）在第 4 行列选择"插入"→"表单"→"文本区域"命令，弹出"输入标签辅助功能属性"对话框，进行设置，如图 5-84 所示。

（7）单击"确定"按钮后，效果如图 5-85 所示。

（8）选择"插入"→"表单"→"按钮"命令，在第 5 行中插入两个按钮，选中第 2 个按钮，在属性设置中将其"值"属性改为"重置"，如图 5-86 所示。

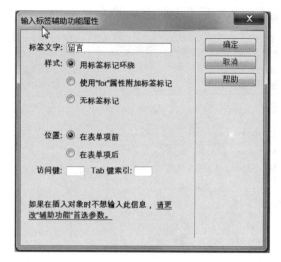

图 5-84　设置文本区域属性

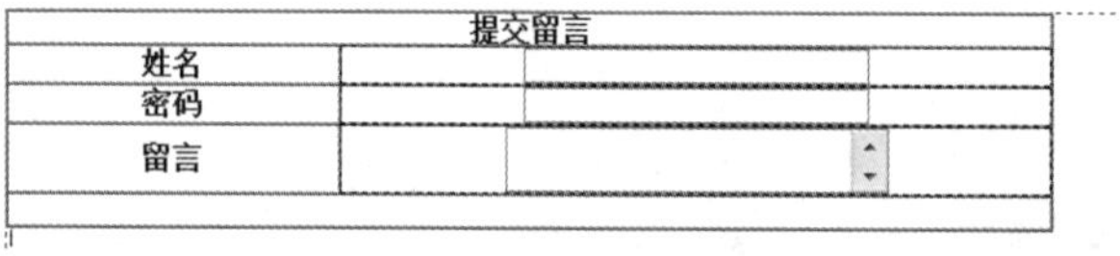

图 5-85　添加文本区域后的效果图

图 5-86　在"属性"面板中设置按钮的"值"属性

（9）选中表格，在"属性"面板中，可根据个人偏好，对表格进行背景颜色等设置，如图 5-87 所示。

图 5-87　在"属性"面板中设置表格的"背景颜色"属性

（10）完成的表单如图 5-88 所示。

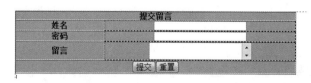

图 5-88　表单效果图

任务3 添加跳转菜单

(1) 选中想要添加跳转菜单的位置,单击工具栏上的"跳转菜单" ,如图 5-89 所示。

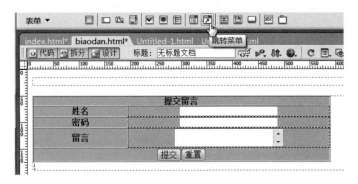

图 5-89 插入"跳转菜单"

(2) 在弹出的"插入跳转菜单"对话框中,进行如图 5-90 所示设置。

图 5-90 "插入跳转菜单"对话框

(3) 单击"确定"按钮,效果如图 5-91 所示。

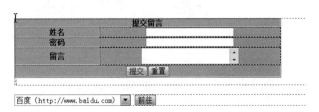

图 5-91 插入跳转菜单后效果图

(4) 按 F12 键预览网页,如图 5-92 所示。
(5) 在表单中输入信息,单击"提交"按钮,如图 5-93 所示。
(6) 单击"确定"按钮后出现如图 5-94 所示对话框,单击"允许"按钮即完成了表单的提交。

注意,表单选项各控件名称如图 5-95 所示。

视频讲解

模块五 网页型多媒体课件设计与制作

图 5-92　网页效果图

图 5-93　进行表单提交

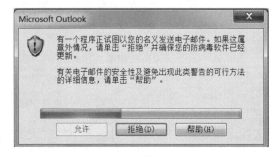

图 5-94　Microsoft Outlook 对话框——是否允许发送电子邮件

图 5-95　表单控制

- 表单：在文档中插入表单，任何其他表单对象，如文本域、按钮等都必须插入表单之中，这样浏览器才能正确处理这些数据。
- 文本域：在表单中插入文本域。文本域可接受任何类型的字母数据项。输入的文本可以显示为单行、多行或者显示为项目符号或星号（用于保护密码）。
- 复选框：在表单中插入复选框。复选框允许在一组选项中选择多项，用户可以选择任意多个适用的选项。
- 单选按钮组：在表单中插入单选按钮。单选按钮代表互相排斥的选择。选择一组中的某个按钮，就会取消选择该组中的所有其他按钮，例如，用户可以选择"是"或"否"。
- 列表/菜单：可以在列表中创建用户选项。"列表"选项在滚动列表中显示选项值，并允许用户在列表中选择多个选项。"菜单"选项在弹出式菜单中显示选项值，而且允许用户选择一个选项。
- 跳转菜单：插入可导航的列表或弹出式菜单。跳转菜单允许插入一种菜单，在这种菜单中每个选项都链接到文档或文件。
- 图像域：在表单中插入图像。可以使用图像域替换"提交"按钮，以生成图形化按钮。
- 文件域：在文档中插入空白文本域和"浏览"按钮。文件域可以使用户浏览到硬盘上的文件，并将文件作为表单数据上传。
- 按钮：在表单中插入文本按钮。按钮在单击时执行任务，如提交或重置表单，可以为按钮添加自定义标签或名称。
- 标签：在文档中给表单加上标签，以< label >< label >形式开头和结尾。
- 字段集：在文本中设置文本标签。

项目小结

本项目通过一个留言板的表单的制作，帮助读者掌握了表单的设计。

同步练习

请制作出如图 5-96 所示表单。

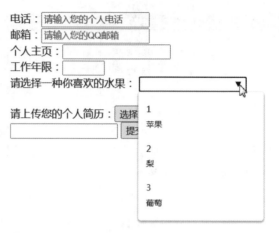

图 5-96　表单效果图

项目 5.7　CSS 的设计

CSS 是 Cascading Style Sheets 的缩写,中文的含义是层叠样式表,简称样式表。

通过 CSS,可以精确地控制页面中每个元素的字体样式、背景、排列方式、大小、边框等。还可以简化网页代码格式,使得页面的下载速度更快。此外,应用外部链接样式表,可以一次完成多个页面中内容的显示样式修改,极大地减少用户的重复性劳动。

请为如图 5-97 所示的 origin.html 页面应用 CSS 样式。

图 5-97　原网页

(1)"查询"按钮应用的样式特点是宋体,大小为 16px,颜色为♯FFFFFF,字体粗细值为 700px,背景图为 ss.gif,设置方框宽为 43px,高为 34px,设置上边框为中像素的实线。

(2)对多条超链接文本应用的样式特点是宋体,大小为 24px,颜色为♯FF9900,"1.5 倍行高",设置方框的大小为宽 43px,高 34px,设置边框为中像素的红色上边框。

- 能够在网页中定义 CSS 规则。
- 能够使用 CSS 修饰页面中的内容。

打开素材所给页面 origin.html。

任务1 创建按钮的 CSS 样式

(1) 在 CSS 样式面板上,单击"新建 CSS 规则"按钮,在"新建 CSS 规则"对话框中,设置选择器类型为"类",在"名称"文本框中输入"button_01",在"定义在"栏中选中"仅对该文档"单选按钮,如图 5-98 所示。

视频讲解

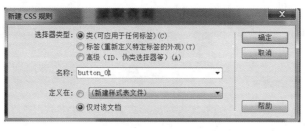

图 5-98 "新建 CSS 规则"对话框

(2) 在弹出的".button_01 的 CSS 规则定义"对话框中进行设置,在"分类"列表框中选中"类型"项进行类型设置,设置字体为"宋体",大小为 16 像素,粗细为 700,颜色为♯FFFFFF,如图 5-99 所示。

图 5-99 ".button_01 的 CSS 规则定义"对话框

(3) 设置背景样式,如图 5-100 所示。
(4) 设置方框样式,如图 5-101 所示。
(5) 设置边框样式,如图 5-102 所示。

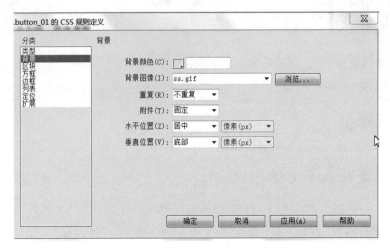

图 5-100　设置背景样式

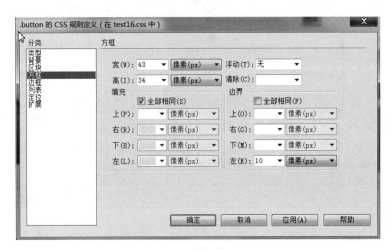

图 5-101　设置方框样式

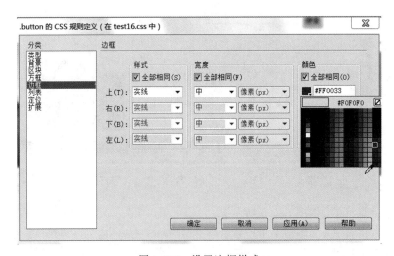

图 5-102　设置边框样式

(6) 在页面中应用设置 CSS 样式。

① 在文档中单击"登录"按钮,在"CSS 样式"面板中右击 button_01 样式,在弹出的快捷菜单中选择"套用"命令,应用 button 样式,如图 5-103 所示。

图 5-103　套用 CSS 样式

② 可以选取页面上的其他按钮,右击 CSS 面板上的"button_01",在弹出的快捷菜单中选择"套用"命令,如图 5-104 所示,然后保存并预览该样式的效果。

图 5-104　设置完 button 按钮的 CSS 样式后的页面效果图

任务 2　创建超链接文本的 CSS 样式

(1) 在"CSS 样式"面板上,单击"新建 CSS 规则"按钮,在"新建 CSS 规则"对话框中,设置"选择器类型"为"标签",在"标签"中输入"a",在"定义在"栏中选择"仅对该文档"单选按钮,如图 5-105 所示。

(2) 单击"确定"按钮,在弹出的"a 的 CSS 规则定义"对话框中,设置类型,选择字体为宋体,设置大小为 24 像素,粗细为"粗体",行高设置为 1.5 倍行高,颜色设置为♯FF9900,

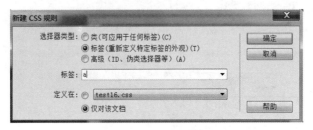

图 5-105 "新建 CSS 规则"对话框

如图 5-106 所示。

视频讲解

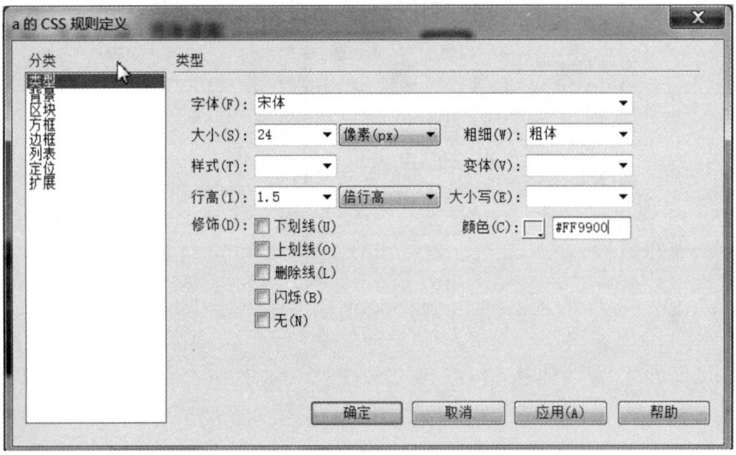

图 5-106 "a 的 CSS 规则定义"对话框

(3) 对方框的设置。取消勾选"填充"栏下面的"全部相同"复选框,在"上"文本框中输入 5 像素,如图 5-107 所示。

图 5-107 对方框的设置

(4) 对边框的设置。取消勾选"样式""宽度"和"颜色"栏中的"全部相同"复选框,然后设置下边框为中像素的实线,颜色为♯66FF66,如图 5-108 所示。单击"确定"按钮完成对标签 a 样式的设置。

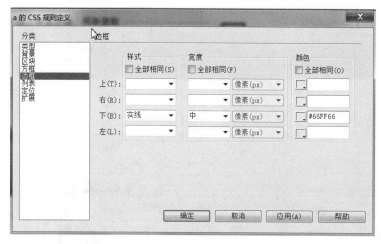

图 5-108　对边框的设置

(5) 完成后的效果如图 5-109 所示。

图 5-109　超链接文本添加 CSS 样式后的效果图

项目小结

本项目通过为一个网页的按钮和超链接文本添加 CSS 样式,帮助读者掌握了 CSS 在网页中的应用。

同步练习

请为如图 5-110 所示网页中的两个按钮和导航栏超链接文本添加 CSS 样式。
要求:
(1)"注册"和"登录"按钮应用的样式特点是宋体,20px,颜色为♯FFFFFF,字体粗细值为 80px,设置方框的大小为宽 52px,高 34px,设置下边框为细像素的点画线。
(2)"网站首页"等导航栏超链接文本应用的样式特点是新宋体,28px,颜色为

图 5-110　同步练习网页效果图

♯FF9900,2.5倍行高,设置方框的大小为宽 52px,高 34px,设置右边框为细像素的绿色虚线。

项目 5.8　模板的设计

项目描述

通常在一个网站中会有几十个甚至几百个页面,但是我们会发现,同一个网站的很多页面风格基本相似,并且都会有一些固定不变的内容(如标志图像、导航条),如果每次都重新设定网页结构,以及相同栏目下的导航条、各类图标,那会显得非常麻烦,并且容易出错。

使用模板就可以很好地解决这个问题。模板的功能就是把网页布局和内容分开,在布局设计好之后将其存储为模板,这样网站具有相同布局的页面都可以通过模板创建。因此使用模板能够极大地提高网站的制作效率。并且在一些内容发生变化之后,可以同时更新站点中所使用到该模板的所有文件,不需要逐一修改,能减轻维护网站的工作量。

请为某旅行网站制作如图 5-111 所示的模板。

图 5-111　旅行网站模板

- 理解模板的概念。
- 能够创建模板。
- 能够制作模板。
- 能够应用模板制作网页。

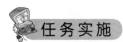

任务1　创建模板

操作步骤如下。

（1）在建立的站点中，单击窗口右侧"文件"中的"资源"选项卡，打开"资源"面板，切换到"模板"子面板，如图5-112所示。

视频讲解

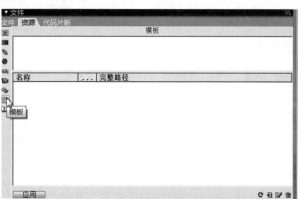

图 5-112　"资源"面板中"模板"子面板

(2)单击"模板"面板上的"添加模板"按钮或单击"扩展"按钮,在弹出的菜单中选择"新建模板"命令,此时在浏览窗口中出现一个未命名的模板文件,如图5-113所示,给模板命名为"moban.dwt"。

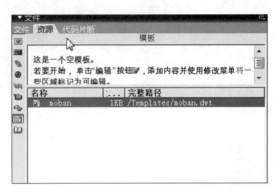

图 5-113　添加新模板

注意,创建模板的方式有以下三种。
(1)直接创建模板。
(2)将普通网页另存为模板。
(3)从"文件"菜单新建模板。

任务2　制作与编辑模板页

操作步骤如下。
(1)对 moban.dwt 进行页面编辑,插入表格及图片等内容,效果如图5-114所示。

图 5-114　模板编辑内容后效果图

(2)在模板页 moban.dwt 的右下方表格的单元格中插入可编辑区域,命名为 content,如图5-115所示。

图 5-115 "新建可编辑区域"对话框

（3）效果如图 5-116 所示，保存模板。

图 5-116 模板效果图

任务 3　应用模板

利用已制作的模板来制作网页。

操作步骤如下。

（1）在建立的站点中，新建网页 index.html，在"资源"面板中，切换到想要的子面板，选中 moban 模板，右击，在弹出的快捷菜单中选择"应用"命令，如图 5-117 所示。

图 5-117 应用模板

（2）在已应用的想要做的网页的可编辑区域中，插入表格、图片及文字，如图 5-118 所示内容。

图 5-118　使用模板编辑后网页效果图

（3）可采用同样的步骤，制作该网站的其他页面。

项目小结

本项目通过一个网站模板制作，帮助读者掌握了模板的概念及制作应用。

同步练习

FIRE 影视对外宣传网站在制作网页时发现在主页顶部的内容，在站内大部分网页中都要用到，观察图中已规划好的网页示例图，如图 5-119 所示，为提高建设效率，请为该网站制作模板，并应用其制作主页。

图 5-119　FIRE 网站主页

项目 5.9 库 的 设 计

模板可以用来制作整体页面的重复部分,而库是用来制作页面局部重复的部分的。使用了库,就可以通过改动库更新所有采用库的页面,不用逐个修改页面元素或者重新制作页面,使用库比模板有更大的灵活性。

库是一种特殊的 Dreamweaver 文件,其中包含用户已放置在 Web 页上的单独的资源或资源副本的集合,库里的这些资源被称为库项目。

每当更改某个库项目的内容时,可以更新所有使用该项目的页面。在库中,可以存储各种各样的页面元素,如图像、表格、声音和 Flash 文件等。

Dreamweaver 8 将库项目存储在每个站点的本地根目录下的 Library 文件夹中。每个站点都有各自的库。使用库项目时,Dreamweaver 8 不是在 Web 页中插入库项目,而是插入一个指向项目的链接,如 Dreamweaver 8 向文档中插入该项目的 HTML 源代码副本,并添加一个包含对原始外部项目引用的 HTML 注释。

本项目要求制作如图 5-120 所示的便捷小预管理系统的一个库。

图 5-120 库页面

- 理解库的概念。
- 能够创建库。
- 能够制作库。
- 能够应用库进行网页的制作。

任务 1 创建库项目

(1) 首先确认没有选择任何内容,打开库"资源"面板。选择"资源"选项,单击"库"按钮,将其切换到库类别中,如图 5-121 所示。

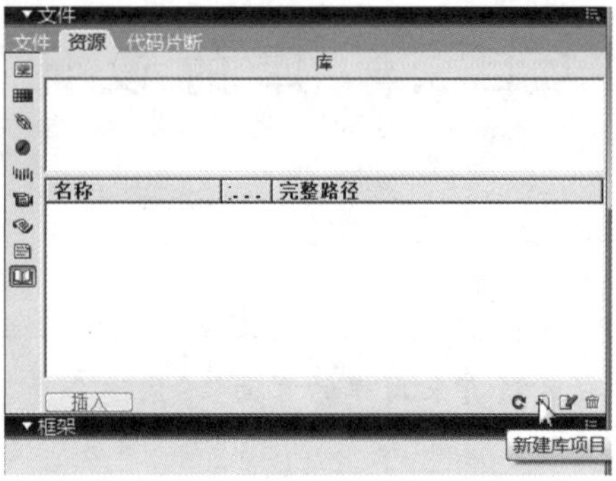

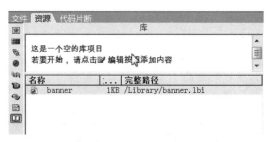

图 5-121 打开"资源"面板"库"子面板

(2) 新建库项目。在"资源"面板中,单击面板中库类别底部的"新建库项目"按钮,即在面板中新增一个库项目。如图 5-122 所示,将库项目重命名为 banner.lbi。

图 5-122 新建库项目

任务 2 编辑库项目

打开新建的库项目,准备为其添加文字、图像、表单等网页元素。

在活动 1 所创建的项目页面上,添加 1 行 1 列的表格,分别在表格中插入"图片 1",如图 5-123 所示。

图 5-123 编辑库项目

任务 3 应用库项目

(1) 新建页面。在所建立的站点中,新建 HTML 文件,命名为 index1.html。

(2) 向网页中添加使用库项目。将光标定位在网页中,设置插入点;从"资源"面板中手动拖动 top.lbi 放入文件中,如图 5-124 所示,然后可以继续在其他区域编辑普通内容。

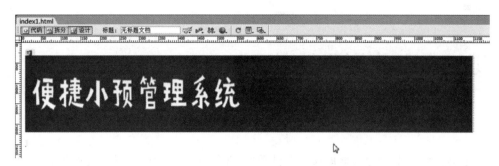

图 5-124　应用库项目

项目小结

本项目通过一个库的制作,帮助读者掌握库的概念及制作应用。

同步练习

请将某饮品店网站制作的网站网页中的导航部分制作为库项目,并应用到该网站中。库项目如图 5-125 所示,网页整体内容如图 5-126 所示。

图 5-125　饮品店网站库项目内容

图 5-126　饮品店网站首页

模块六　特定学科教学平台

　　特定学科教学平台为教学提供具有科学性、知识性、艺术性、易操作性的课程产品。教学平台使教学过程更加直观、生动、灵活,学生易于接受。教学平台提供文本、图形、图像、动画和短视频等教学资源,使教学手段变得更加丰富,提高学生主动学习的兴趣。本模块主要介绍几何画板和虚拟实验平台。

知识树

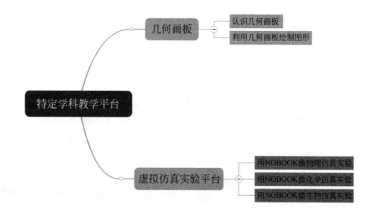

项目6.1　几何画板

　　"几何画板"是集作图和实现动画于一体的辅助教学软件,根据教学需要绘制出各种数学图形并且能够动态展示,适用于数学、几何、物理的矢量分析和作图。

- 认识几何画板。
- 掌握使用几何画板制作几何图形的方式方法。

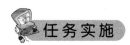

任务1 认识几何画板

1. 启动几何画板

（1）选择"开始"→"所有程序"→"几何画板 5.05 最强中文版"→"几何画板 V5.05"命令，或双击桌面"几何画板"图标启动几何画板。

（2）启动几何画板同时创建新文件，或选择"文件"→"新建文件"命令创建新的几何画板文件，如图 6-1 所示。

视频讲解

图 6-1　几何画板窗口

2. 认识几何画板

几何画板窗口主要由标题栏、菜单栏、工具栏、状态栏、绘图窗口等组成，如图 6-1 所示。

（1）标题栏显示当前正在编辑的文件名；单击"最小化"按钮窗口缩小为位于屏幕底部任务栏上的一个图标，单击该图标可使窗口恢复原状；单击"向下还原"按钮窗口恢复到原状，单击"最大化"按钮窗口扩大到整个 Windows 窗口；单击"关闭"按钮关闭几何画板，如果是新编辑文件未曾保存，将弹出是否保存的提示对话框。

（2）菜单栏提供了软件所有的操作命令，利用操作命令可实现几何画板所有的操作。

"文件"菜单用于创建、保存和打印整个文档。

"编辑"菜单对操作对象进行复制、剪切、粘贴、动画设置、参数选项等常规操作。

"显示"菜单包含隐藏工具栏、对象格式设置以及生成对象动画。

"构造"菜单构造生成多种几何图形。

"变换"菜单中的变换是指从一个图形（或表达式）到另一个图形（或表达式）的演变，实现对图形进行平移、旋转、缩放、反射、迭代等变换。

"度量"菜单是对所选图形进行（如长度、距离、弧度等）度量。

"数据"菜单提供新建参数、新建函数和制表命令。

"绘图"菜单创建坐标系,绘制各种函数图形。

"窗口"菜单用于管理在几何画板中打开的多个文档窗口。

"帮助"菜单提供软件使用帮助,如几何画板学习中心、画板实例、在线资源等。

"快捷"菜单操作右击绘制对象出现与单击对象相关的选项,或者如果在空白区域单击会出现与画板文档相关的选项。

(3) 工具栏提供基本绘图工具,能够快速绘制出各种几何图形。

"移动箭头工具"功能是选择操作对象或通过拖曳移动对象。鼠标指针移到"移动箭头工具"按住鼠标出现"移动箭头工具""旋转箭头工具"和"缩放箭头工具"。

"点工具"的功能是构造点,在画板的绘图区任何空白地方画点或者在线段、射线、圆、轨迹或函数图像上绘制点。

"圆工具"的功能是构造圆,单击"圆工具"在绘图区合适位置单击确定圆心,拖曳鼠标到适宜位置(两点间的距离即为半径)松开鼠标完成圆的绘制。

"线段直尺工具"包括构造线段、射线及直线,单击"线段直尺工具",在绘图区合适位置单击确定线段起点然后拖动鼠标到终点松开鼠标完成线段的绘制。

"多变形工具"功能包括构造多边形、多边形和它们的边以及多边形的边,在绘图区单击确定多边形边的起点,接着依次单击确定多边形其他点,最后双击完成绘制。

"文字工具"的功能是给操作对象添加文字和标签;在绘图区需要输入文字的地方双击出现文本框即可输入文字。

"标记工具"创建绘图和几何注释。

"信息工具"显示有关创建对象的信息。

"自定义工具"创建和使用自定义工具。

(4) 绘图窗口,创建几何画板文件就会自动生成绘图窗口即绘图区,几何画板所有的图形绘制工作都要在绘图窗口中完成。

(5) 状态栏显示目前操作的状态,当用鼠标选定一个对象或者命令时,状态栏自动显示相关信息。

任务2 利用几何画板绘制图形

几何画板能够轻松绘制基本图形、立体图形、动态图形等。

设计要求:利用几何画板工具绘制各种图形。

1. 利用工具栏绘制图形

实例1:绘制线段的中点。

操作步骤如下。

(1) 绘制线段。利用"线段直尺工具"绘制线段 AB,如图 6-2 所示。

(2) 绘制两圆及交点。利用"圆工具"分别以点 A 和 B 为圆心,绘制两个半径为 AB 的圆,两圆相交处分别标记为点 D 和 E,如图 6-3 所示。

视频讲解

图 6-2　绘制线段 AB

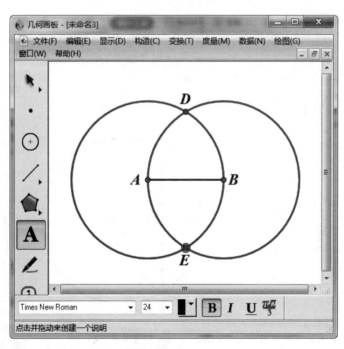

图 6-3　绘制两个圆

(3) 绘制线段 DE 作为线段 AB 的平分线。用"线段直尺工具"连接 DE,如图 6-4 所示。标记线段 AB 的中点 C。用"移动箭头工具"单击线段 AB 和 DE 的相交点,标记为点 C,如图 6-5 所示。

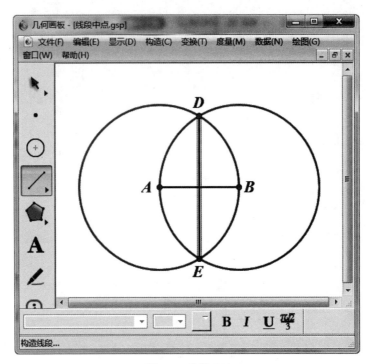

图 6-4　连接 DE

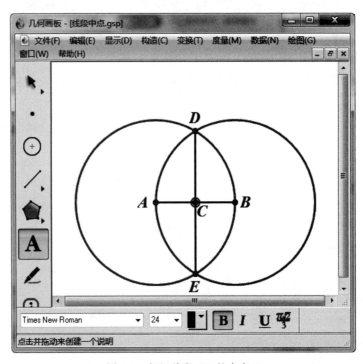

图 6-5　标记线段 AB 的中点 C

依次单击圆 A、圆 B、线段 DE 等对象,选择"显示"→"隐藏对象"命令隐藏不需要显示的对象,完成线段中点的绘制,如图 6-6 所示。

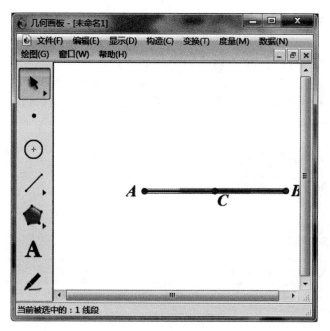

图 6-6　线段中点 C

2. 利用计算命令绘制图形

利用几何画板计算和迭代命令绘制有重复操作的图形，提高绘图效率。

实例 2：绘制正八边形。

操作步骤如下。

(1) 几何画板中的参数是不同于度量值和计算值的，它是独立存在的一种数值，它的建立不依靠具体的对象。利用"圆工具"在绘图区绘制圆 O，用"点工具"在圆上取一点 A。选择"数据"→"新建参数"命令，弹出"新建参数"对话框，如图 6-7 所示。在该对话框"名称"框中输入参数"n"，"数值"框中输入"8"，"单位"选择"无"，单击"确定"按钮。

(2) 几何画板中的计算命令功能相当于计算器，输入数值、13 个常用函数、度量值和参数值进行数学计算。选择"数据"→"计算"命令，弹出"新建计算"对话框，在该对话框计算文本框中输入"360°/n"，如图 6-8 所示，单击"确定"按钮，完成八边形角度的计算。

视频讲解

图 6-7　"新建参数"对话框

图 6-8　"新建计算"对话框

（3）利用"移动箭头工具"双击圆 O 为旋转中心，在绘图区单击计算数值 360°/n＝45.00°，选择"变换"→"标记角度"命令。单击圆上 A 点，选择"变换"→"旋转"命令，弹出"旋转"对话框，单击"旋转"按钮，得到圆 O 上点 B，连接点 AB，绘制出线段 AB。

（4）依次选择点 A 和参数 n，按住 Shift 键，选择"变换"→"深度迭代"命令，弹出"迭代"对话框，如图 6-10 所示。单击点 B 作为初象，圆内出现完整的正八边形，单击"迭代"按钮，完成内接八边形的绘制。

图 6-9 "旋转"对话框

图 6-10 "迭代"对话框

（5）隐藏除八边形以外的所有对象，得到正八边形。依次选中圆 O、圆心和点 A 和 B，选择"显示"→"隐藏对象"命令隐藏不需要的对象，再选中外圆，选择"显示"→"隐藏迭代象"命令，隐藏外圆。绘制的正八边形如图 6-11 所示。

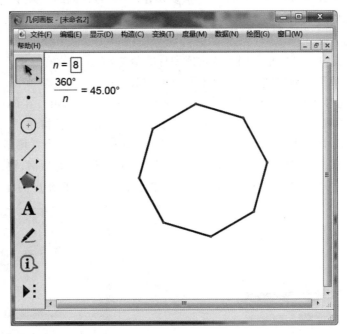
图 6-11 正八边形

3. 图形变换绘制图形

利用"变换"菜单中的图像平移、旋转、缩放、反射实现图形变换绘制图形，减少了工作量，提高了绘制的精度和效率。

实例3：利用平移命令绘制三棱柱。

操作步骤如下。

(1) 利用"自定义工具"绘制三角形。单击"自定义工具"→"三角形"→"任意三角形"工具,在绘图区绘制任意三角形,如图 6-12 所示。

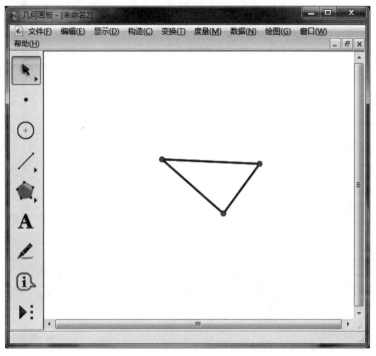

图 6-12　自定义工具

(2) 单击"移动箭头工具"选中整个三角形,选择"变换"→"平移"命令,弹出"平移"对话框,如图 6-13 所示。在"固定距离"文本框中输入平移的距离 3.0 厘米,其他选项默认,单击"平移"按钮,平移结果如图 6-14 所示。

图 6-13　"平移"对话框

(3) 利用"线段直尺工具"连接相对应顶点,三棱柱制作完成,如图 6-15 所示。

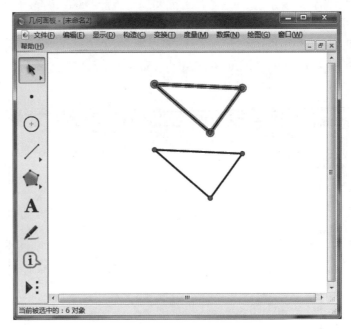

图 6-14 平移结果

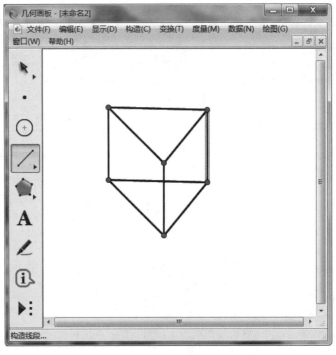

图 6-15 三棱柱

4. 绘制动态几何图形

几何画板可以实现静态图形动态展示,通过几何图形的变化来展现几何的内在规律。

实例 4:绘制动态图形展示圆周角和圆心角的关系。

在圆中圆周角的度数是圆心角度数的一半,下面通过几何画板的动画功能进行验证。

操作步骤如下。

(1) 用"圆工具"在绘图区中绘制一个圆 O。用"线段直尺工具"绘制圆的两个半径 OA 和 OB。选中半径 OA 和 OB,选择"度量"→"角度"命令,度量出∠AOB 的角度,如图 6-16 所示。

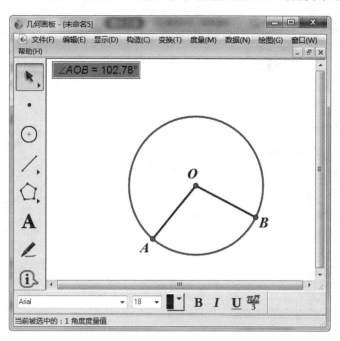

图 6-16　度量∠AOB 角度

(2) 用"点工具"在圆上选取一点 C,利用"线段直尺工具"绘制线段 AC 和 BC,选中线段 AC 和 BC,选择"度量"→"角度"命令,度量出∠ACB 的角度,如图 6-17 所示。

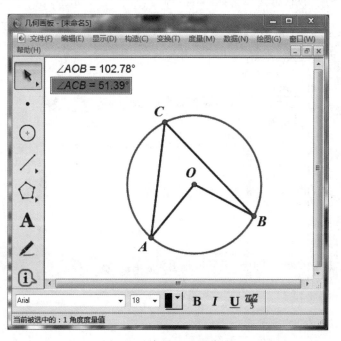

图 6-17　度量∠ACB 角度

（3）几何画板的"计算"命令用来解决纯数字间的计算问题。选择"数据"→"计算"命令，弹出"新建计算"对话框，单击绘图区∠ACB角度值后，单击"新建计算"对话框中的"÷"号，再单击∠AOB角度值，如图6-18所示。单击"确定"按钮，计算出∠ACB与∠AOB的比值。

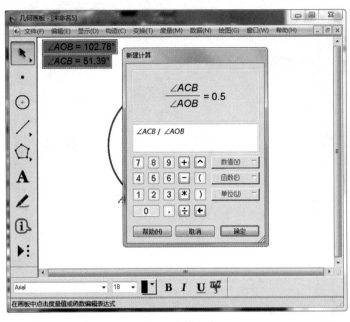

图 6-18　计算角度比

（4）"编辑"菜单中的"操作类按钮"命令可以设置动态演示效果。选中圆上的点C，选择"编辑"→"操作类按钮"→"动画"命令，弹出"操作类按钮 动画点"对话框，如图6-19所示。"方向"和"速度为"根据需要选择，单击"确定"按钮完成动画设置。

图 6-19　操作类按钮

(5) 单击"动画点"按钮观察圆周角变化和圆周角及圆心角的比值变化关系。

项目小结

本项目学习了使用几何画板进行简单图形绘制和动画制作,帮助读者熟悉了几何画板的工作界面及绘图和动画制作的基本流程。

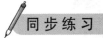

(1) 利用工具绘制三角形的角平分线。
(2) 利用自选工具制作正六棱柱。
(3) 绘制一个圆绕圆外一点旋转的动态图形。

项目 6.2 虚拟仿真实验平台

虚拟仿真实验平台是简单实用的教学工具软件,使烦琐的实验变得高效、有趣、简单、实用。虚拟仿真实验平台提供了真正动手探究的模拟实验操作,既提高了教师课堂教学的效率,又激发了学生学习的兴趣。本项目主要介绍NOBOOK虚拟实验平台。NOBOOK虚拟实验通过多媒体手段,依托学科特色,打造富有科技感的物理、化学、生物等学科虚拟仿真实验资源和应用,做到教学模式多样化,教学资源共享化,教育信息数字化。

掌握NOBOOK虚拟仿真实验方法。

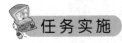

任务1 用NOBOOK做物理仿真实验

NOBOOK物理实验平台提供了电学、磁学、家庭电路、声学、光学、热学、力学、力与运动、近代物理等模块,提供了上千个实验资源,三百多种实验器材,可实现上万种物理实验操作与演示。将不同的分类实验置于一个真实模拟的环境下实现高度仿真的实验操作和教学。

1. 认识NOBOOK物理实验平台

(1) 启动NOBOOK物理实验平台。选择"开始"→"所有程序"→"NOBOOK教学软件"→"NB物理实验",或桌面"NB物理实验"图标启动物理实验平台。

(2) 文件控制台。文件控制台"精品资源"板块提供了多个已设计好的实验资源,可以在教学中直接使用,也可以在"我的实验"板块创建自己的实验,如图6-20所示。

(3) 实验编辑器。实验编辑器创建新的物理实验,根据实验需求分析实验要求、选择实验器材、连接实验设备、操作设备进行实验,得到实验结果并进行分析。实验编辑器界面包

图 6-20　文件控制台

括文件"保存"和"清空"功能,"电路图"教材中常用的电路图,"演示"全屏展示实验操作,"设置"可以进行实验编辑器的"实验显示设置""通用显示设置",如图 6-21 所示。

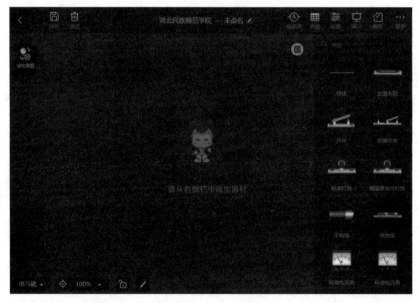

图 6-21　实验编辑器

2. NOBOOK 物理实验

NOBOOK 物理实验平台提供了大量的经典物理实验。NOBOOK 物理实验包含全国不同版本的物理教材中的实验,做实验时可以直接使用。也可以根据实际教学需要使用"新建实验"板块创建新的物理实验。

1)通过精品资源开展物理实验

实例1:串联电路和并联电路的比较。

操作步骤如下。

(1)在文件控制台中,选择"精品资源"板块,"版本"中选择使用的教材版本,在列表中选择实验。单击"串联电路和并联电路的比较"进入"实验编辑器",如图6-22所示。

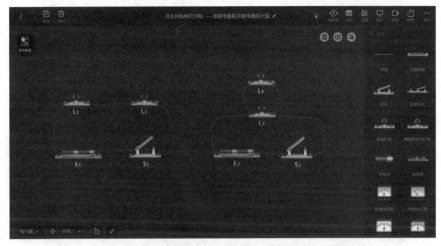

图6-22 "串联电路和并联电路的比较"实验编辑器

(2)进入编辑器单击"播放"按钮播放演示实验,实验过程中器材还可以根据教学需要进行调整,如图6-23所示。

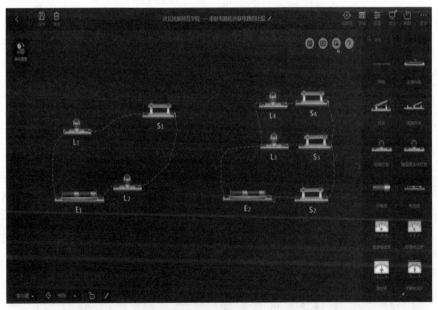

图6-23 调整实验设备

2)通过新建实验开展物理实验

"新建实验"根据要求可以手动创建新实验,单击主界面中的"新建实验"按钮创建新的物理实验,单击"新建实验"按钮上的下三角,在下拉列表中选择实验模块进入实验编辑器。

实例 2:用电压表测电压。

(1) 本实例选择"新建实验"下拉列表中的"电与磁"模块,进入实验编辑器,如图 6-24 所示。

图 6-24　实验编辑器

(2) 根据实验要求,在器材栏中直接单击所需的器材就出现在画布上。选择"开关""电池组"和"标准电压表",如图 6-25 所示。

图 6-25　选择实验器材

（3）根据实验要求连接实验器材，用导线把"开关""电池组"和"标准电压表"串联，如图 6-26 所示。

图 6-26　连接实验器材

（4）合上开关 S1，观察"标准电压表"指针的变化。更换电源，如电池的个数或"蓄电池""9V 电池"等器材观察标准电压表的变化，如图 6-27 所示。

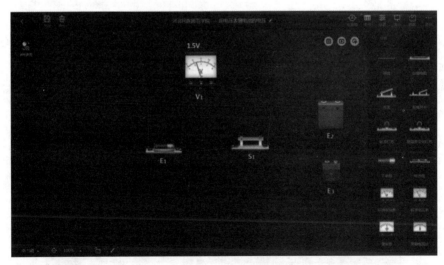

图 6-27　更换电源

任务 2　用 NOBOOK 做化学仿真实验

NOBOOK 化学实验平台是一款集智能性、科学性、真实性和趣味性于一体的中学化学教学工具，该软件涵盖了中学化学各种实验器材和各种实验药品，涵盖中学课本的重点操作实验。根据实验需求自由创建、组装实验，是提供云服务、智能化、完全开放的实验环境。

1. 认识 NOBOOK 化学实验平台

(1) 启动 NOBOOK 化学实验平台。选择"开始"→"所有程序"→"NOBOOK 教学软件"→"NB 化实验",或桌面"NB 化学实验"图标启动化学实验平台。

(2) 文件控制台。文件控制台"精品资源"板块包含中学化学经典实验。"版本"选择化学教材版本,"我的实验"板块可以保存实验、移动保存的实验、导入实验、导出实验和删除实验等。"回收站"板块保存删除的实验。"搜索"框可以搜索化学实验、设备和药品等,"新建实验"板块实现根据教学需求新建实验,如图 6-28 所示。

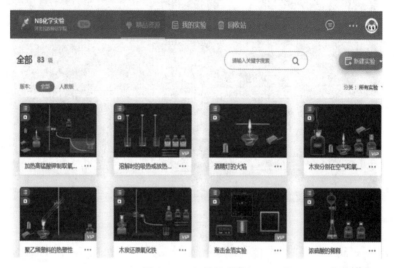

图 6-28　文件控制台

(3) 实验编辑器。文件控制台"新建实验"板块根据教学需要可以进行虚拟仿真化学实验。单击"新建实验"按钮,打开实验编辑器,如图 6-29 所示。实验编辑器界面包括文件"保存"和"清空"功能;"方程式"把实验中用到的方程式呈现出来;"演示"全屏展示实验;"设置"可以进行实验编辑器的"背景颜色""音效""方程式连接符号""按钮文字"等的设置。

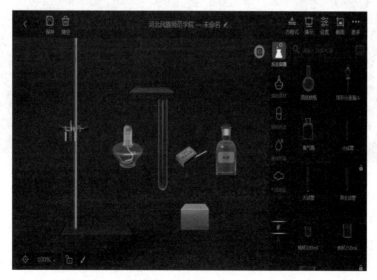

图 6-29　化学实验编辑器

2. NOBOOK 化学实验

NOBOOK 化学实验平台提供了大量中学化学教材中的经典化学实验,可以直接使用"精品资源"板块进行化学实验,也可以根据实际教学需要使用"新建实验"板块新建实验。

1) 精品资源开展实验

实例 3:加热高锰酸钾制取氧气。

(1) 在文件控制台中选择"精品资源"板块,"版本"中选择使用的教材版本,在列表中选择实验。单击"加热高锰酸钾制取氧气和氧气的性质"进入"实验编辑器",如图 6-30 所示。

视频讲解

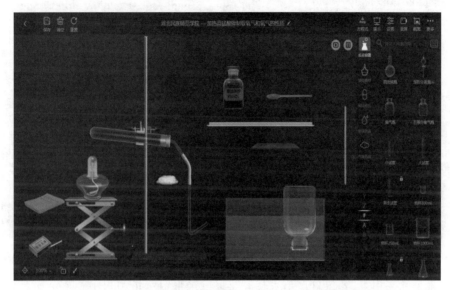

图 6-30 "加热高锰酸钾制取氧气和氧气的性质"实验编辑器

(2) 进入实验编辑器,根据实验要求进行实验,单击右上角"演示"按钮可以进行全屏演示实验操作,如图 6-31 所示。

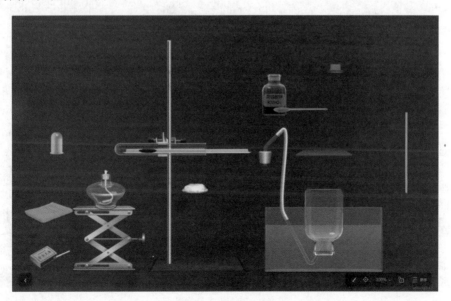

图 6-31 演示实验

2）新建化学实验

单击文件控制台中的"新建实验"按钮创建新的化学实验,单击"新建实验"按钮右侧下三角,在下拉列表中选择实验模块进入实验编辑器。

实例4：加热氯酸钾制取氧气。

(1) 单击"新建实验"按钮进入实验编辑器,如图6-32所示。

图6-32　实验编辑器

(2) 根据实验要求,在器材栏中直接单击所需的器材就出现在画布上。加热氯酸钾制氧气需要仪器有酒精灯、火柴、木块、铁架台、铁夹、药匙、热毛巾、纸槽、玻璃片、大试管、集气瓶、导管、橡胶管、水槽。药品有氯酸钾、二氧化锰,如图6-33所示。

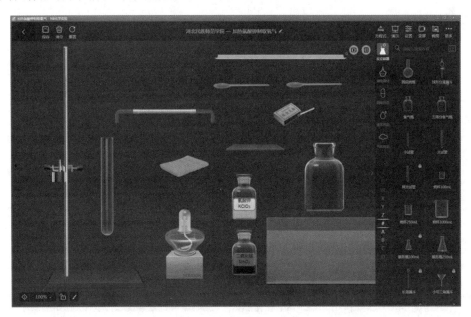

图6-33　选择器材和药品

(3) 根据实验要求进行器材安装调试进行实验,直至实验完成。加热氯酸钾制氧气步骤如下:将导管与试管相连,塞好塞子,导管另一端伸入水槽中,检查装置气密性;在试管中加入氯酸钾和二氧化锰;点燃酒精灯;待导管口产生的气泡连续且均匀后,将导管口伸入装满水且倒放的集气瓶中,收集气体,待气体收集满后,在水下盖上玻璃片,将集气瓶取出;将导管移出水槽;熄灭酒精灯,完成实验操作,如图 6-34 所示。

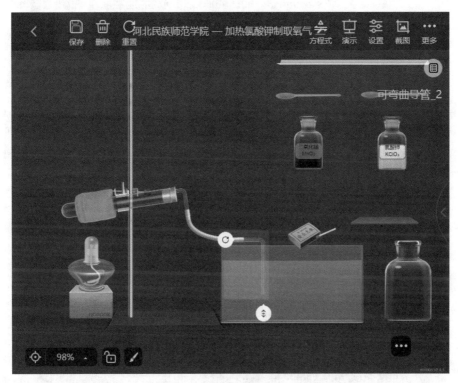

图 6-34 加热氯酸钾制取氧气实验

任务 3 用 NOBOOK 做生物仿真实验

NOBOOK 生物实验平台提供了中学生物各主流版本的教材中的实验,内容包含动物学、植物学、人体生理和微生物等部分,包含观察类、演示类、动手操作和探究类实验等,可以作为课堂演示实验和仿真实验。

1. 认识 NOBOOK 生物实验平台

生物文件控制台包含中学生物中的多个经典实验,可以选择不同年级的生物教材,"搜索"框中可以搜索某实验,如图 6-35 所示。

2. NOBOOK 生物实验

NOBOOK 生物实验平台提供了大量中学生物教材中的典型实验,可以直接在教学中使用。

实例 5:测量叶片的周长。

(1) 启动 NOBOOK 生物实验直接进入文件控制台界面,选取"七年级上"教材,在文件控制台中单击"练习测量植物叶片周长"实验,打开实验编辑器界面,如图 6-36 所示。

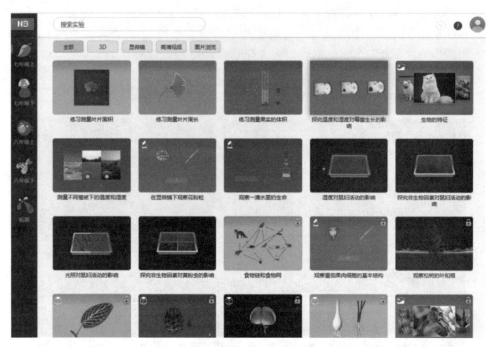

图 6-35 生物文件控制台

图 6-36 "练习测量植物叶片周长"实验编辑器

(2) 实验编辑器有"实验目的""材料用具"和"讨论要点"等内容,单击"开始实验"按钮,开始进行实验。根据编辑窗口提示,按步骤进行实验即可,如图 6-37 所示。

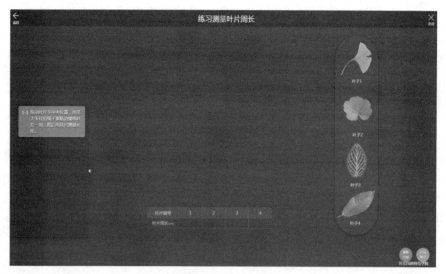

图 6-37 "练习测量植物叶片周长"生物实验操作

项目小结

本项目学习了学科实验平台—NOBOOK 虚拟实验平台中的物理、化学和生物实验,帮助读者熟悉了该实验平台的基本工作界面和实验的基本流程。

同步练习

1. 物理实验平台的使用

(1) 实验目的:练习使用滑动变阻器。

(2) 实验器材:小灯泡、开关、电源、滑动变阻器。

(3) 实验要求:按照教学需要连接好电路,将滑动变阻器的滑片移动到最大阻值位置,闭合开关,再拖动滑动变阻器滑片,改变滑动变阻器滑片的位置,观察小灯泡亮度的变化。

(4) 实验完成后给出实验结论。

2. 化学实验平台的使用

(1) 实验目的:学习实验室加热高锰酸钾制氧气。

(2) 实验器材和药品:酒精灯、火柴、升降台、铁架台、铁夹、药匙、热毛巾、纸槽、玻璃片、大试管、集气瓶、导管、橡胶管、水槽、棉花、小木条、高锰酸钾。

(3) 实验要求:严格按化学实验要求和规范进行实验。

(4) 实验完成后写出实验结论和体会。

3. 生物实验平台的使用

(1) 实验目的:识别显微镜各部分名称和作用;初步学会规范操作显微镜;尝试使用显微镜观察生物玻片标本。

(2) 实验器材:显微镜、擦镜纸、纱布、载玻片、盖玻片。

(3) 实验要求:取镜、放镜、安装目镜与物镜;观察显微镜的结构;显微镜使用。

(4) 实验完成后写出实验结论和体会。

模块七 微课设计与制作

微课（Microlecture）是指运用信息技术按照认知规律，呈现碎片化学习内容、过程及扩展素材的结构化数字资源。微课的核心组成内容是课堂教学视频（课例片段），同时还包含与该教学主题相关的教学设计、素材课件、教学反思、练习测试及学生反馈、教师点评等辅助性教学资源，以一定的组织关系和呈现方式共同"营造"一个半结构化、主题式的资源单元应用"小环境"。微课具有教学时间较短、教学内容精炼、使用方便、容量小、主题突出、内容具体、成果简化、多样传播、易于学习、反馈及时和针对性强等特点，是传统课堂教学的有益补充。本模块主要介绍利用 Focusky、录屏大师和拍摄设备制作微课的技术和方法。

知识树

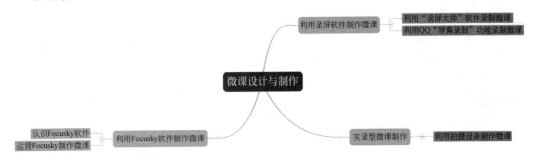

项目 7.1　利用 Focusky 软件制作微课

Focusky 动画演示大师（简称 FS）是一款新型的演示文稿制作软件，具有简单易操作等特点，可快速地制作出动画演示文稿。传统的 PowerPoint 演示文稿按顺序播放，而 Focusky 采用系统性的思维导图方式来进行演示，从一个对象转移到另一对象放大拉近显示。

Focusky 软件采用整体到局部的结构设计，以路径转换方式呈现文档内容，运用生动的模仿视频的 3D 镜头缩放、旋转和平移等转场特效，给视觉带来强烈冲击。文档输出格式可以是 MP4、EXE、HTML 或 APP 等。

本项目主要介绍 Focusky 的基本功能，通过真实场景进行微课制作，微课内容包含文字、图形、图像、视频、动画和移动，使演示变得生动有趣。

项目目标

能够运用 Focusky 制作微课。

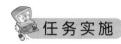

任务1　认识 Focusky

1. Focusky 主界面

启动 Focusky,打开主界面。主界面中主要包括"新建空白项目"和"打开 & 导入"功能。"在线模板"是为方便创作作品,系统提供的大量设计好的在线模板,如图 7-1 所示。

视频讲解

图 7-1　Focusky 主界面

2. Focusky 编辑窗口

新建的工程文件或打开已有工程文件进入编辑窗口。打开"毛泽东卜算子咏梅.fs"工程文件,如图 7-2 所示。

视频讲解

（1）菜单栏提供了 Focusky 操作软件的基本命令。"文件"菜单包括工程文件的新建、保存和输出等基本操作；"编辑"菜单提供了对文件的撤销、重做、复制、粘贴、剪切以及选项设置等；"帮助"菜单提供帮助、开始使用 Focusky、Focusky 视频教程、关于 Focusky 基本信息等。

（2）文件名称显示当前正在编辑文件的名称。"论坛"是 Focusky 的官方论坛。"升级账户"是指用户购买升级为 VIP 用户。

（3）工具栏提供了常用命令的快捷方式,如新建、插入、背景、动画、交互等常用命令。

（4）快捷工具栏提供文档编辑时用到的常用命令,当单击某一个快捷工具时工具箱内

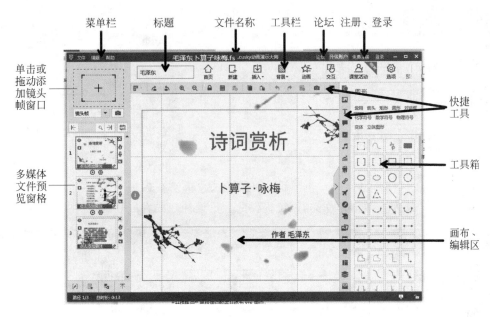

图 7-2 Focusky 编辑窗口

容随之改变。

(5)"添加**帧 窗口"按钮中提供"镜头帧""矩形帧""方括号帧""圆形窗口"和"不可见帧"等。单击或拖动"添加**帧 窗口"按钮可在多媒体文件添加一个帧,就像 PowerPoint 增加一张幻灯片一样。

(6)"多媒体文件预览窗格"可以预览每一张多媒体页面。"添加声音跟字幕"按钮为当前帧添加声音文件(*.mp3),既可以实现现场录音添加字幕也可以导入声音。"停留时间"按钮实现当帧里所有元素播放完毕后,可以设定帧停留的时间。"渐隐渐现"按钮设置帧元素渐隐渐现效果。"自动播放到下一场景"按钮实现当前帧自动播放到下一帧或设置手动单击才会切换到下一帧。"转场设置"按钮实现帧是否自动播放到下一场景、转场到下一场景需要的时间、转场动画及设定应用范围等。

(7)画布/编辑区。画布也是工作区域,可以实现画布的缩放、旋转、添加对象、设置主题、路径编辑等操作。

视频讲解

任务2 运用 Focusky 制作微课

Focusky 采用从整体到局部的结构设计,按照设定线路依次呈现的方式进行演示,提供生动、多样性的特效,多媒体文件演示时对视觉形成很强的冲击力,从而产生酷炫的效果。

1. 创建新的工程文件

Focusky 提供了很多创建新工程文件的方式,如用模板创建项目、新建空白项目、导入 PPT 创建项目等。

(1)运用模板创建新项目。主界面"在线模板"按文档类别进行了分类,使用时选择适合的类别,选中满意的模板创建项目。

(2)新建空白项目。利用主界面的"新建空白项目"或者选择"文件"→"新建工程"命令,创建新的空白项目。

(3) 导入 PPT 新建项目。Focusky 提供了导入 PPT 创建新项目的功能,在主界面选择"打开 & 导入"下拉列表中的"导入 PPT 新建项目"创建新工程文件。

2. 新建空白项目

Focusky 中的帧(类似于演示文稿中的幻灯片页)采用整体到局部的方式布局,"新建空白项目"先要做好演示文稿的布局设计,根据文档结构自定义布局设计,也可以采用 Focusky 系统提供的"圆形布局""同心圆布局""曲线布局"等不同风格的布局方式;"工程设置"项设置路径的数量、项目的显示比例;"模板背景颜色设置"项用于设置项目的背景颜色;单击"创建"按钮即可新建一个新项目,如图 7-3 所示。

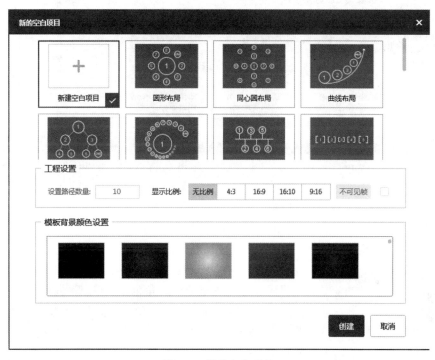

图 7-3　新建空白项目

3. 创建帧

在传统的演示文稿中,是以"幻灯片页"为单位设计的,页面和页面之间没有紧密的联系,只有通过超链接建立联系。演示文稿内容需要放到页面中编辑处理,通过播放进行展示。

Focusky 中创建一个项目,就会有一张大的背景画布作为创作的大舞台,选取其中局部作为一个帧,帧就相当于演示文稿中的幻灯片页面。如图 7-4 所示框住的各部分就是多媒体文件中的各个帧。在每个"帧"前面都有序号,表示帧在播放时的先后顺序。如果要调整帧播放的顺序,可以在"多媒体文件预览窗格"选择要移动的帧拖动到适合的位置。

单击选择"添加 ** 帧 窗口"下方的下拉列表中的镜头帧、矩形帧、方括号帧、圆形帧或不可见帧,然后单击或拖动"添加 ** 帧 窗口"到画布中,添加合适的帧,如图 7-5 所示。Focusky 将所有的帧缩略图,显示在"多媒体文件预览窗格"中。单击任何一个帧缩略图,就

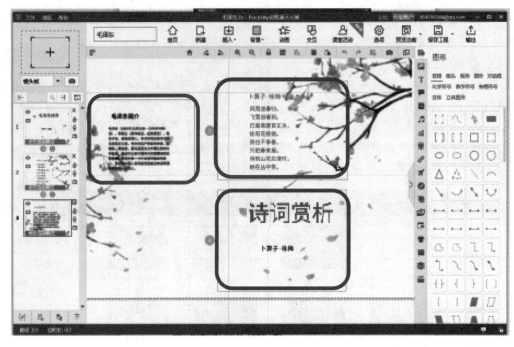

图 7-4 帧

图 7-5 创建帧

可以进入该帧中。

4. 编辑帧

单击 Focusky 左侧的帧缩略图时,就会在画布/编辑区中显示当前帧。利用工具栏或者快捷工具栏在帧中插入文本、图片、图形、图表、视频、音乐、角色、超链接等各种常用对象。

(1) 在帧中插入文本对象:选择"插入"→"文本"命令或者选择快捷工具栏中"文本"工具中的"添加文本"命令,在当前帧中合适位置单击创建无格式文本对象。系统提供了带有格式的示例文本,选中"示例文本",单击画布或拖动到舞台添加,就可以在帧中添加带示例文本。如果要改变字体格式,单击要编辑的文本,自动打开"文本"工具进行文本格式设置,如图 7-6 所示。

(2) 在帧中插入图片对象:选择"插入"→"图片"命令或者选择快捷工具栏中的"图片"工具,可以插入系统提供的图片,也可以用"添加本地图片"插入图片,还可以添加网络资源,在 focusky"更多资源"中提供了 SVG、SWF 和对话框等类型图片,如图 7-7(a)所示。单击要编辑的图片对象自动打开"图片"工具,可以设置图片的"样式"设计;图片"编辑"包括组合、锁定、翻转等操作,"图层"设置实现图层上移一层、下移一层、置于顶层、置于底层;"高级"提供图片的边框、外观等设置,如图 7-7(b)所示。

(3) 根据演示文稿内容运用好"角色"和"特殊符号"等对象,演示文稿看起来更加生动形象,提高学习者的学习兴趣,如图 7-8 所示。

图 7-6　插入文本对象

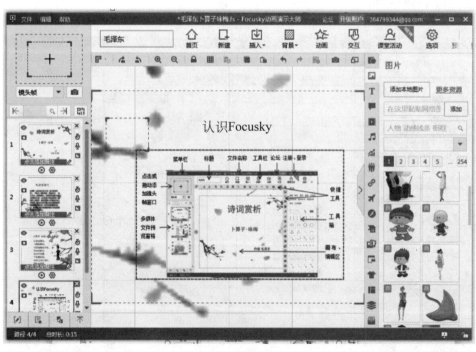

(a)插入图片对象

图 7-7　插入和编辑图片对象

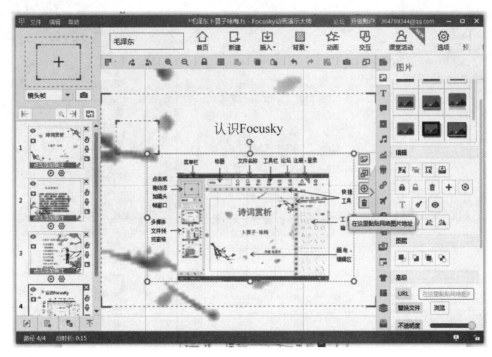

(b) 编辑图片对象

图 7-7（续）

图 7-8 插入角色对象

5. Focusky 动画编辑

Focusky 提供了丰富的动画效果,图形、图片、文字等对象可以设置进入、强调特效、退出等动画,使得多媒体文件更具吸引力。

操作步骤如下。

(1) 单击常用工具栏中的"动画"工具,进入"动画编辑"界面。

(2) 在预览窗口中选取设置动画的帧,在帧中选择要设置动画的对象,单击"添加动画"按钮,弹出"选择一个动画效果"对话框,"历史特效"显示已用过的动画特效,"进入特效"演示开始的动画,"强调特效"是对演示对象强调的动画,"退出特效"是演示结束时的动画,"动作路径"设置演示对象的路径动画。根据需要设置对象的动画效果,如图 7-9 所示。

图 7-9　添加一个动画效果

(3) 动画设置:设置好动画特效后需要进行动画播放设置。"单击播放动画"设置动画播放方式包括"单击""与上一个一起"或"在上一个之后";"预览"观看动画的播放效果;"更改动画"为对象设置为其他动画效果;"更改声音效果"设置对象声音效果;"动画设置"设置动画播放的时长和延迟时间,如图 7-10 所示。

(4) 编辑完成,单击"退出动画编辑",完成动画设置。

6. 添加声音与字幕

添加声音与字幕是 Focusky 实现微课的重要功能,只有添加了声音才可以实现声情并茂,使微课更好地诠释知识内容。单击"多媒体文件预览窗格"再单击要设置声音帧右边的"添加声音跟字幕"按钮,进入"录音模式"界面,如图 7-11 所示。录音模式中"选项"中字体设置实现字体的大小、颜色;字幕设置实现音量、字幕边距、字幕特效和字幕宽度;艺术字体设置实现字幕艺术字效果;"添加录音"实现录音功能,单击后打开"录音"对话框开始录音;"导入"可导入声音文件;"新增字幕"为帧添加字幕。录制完毕,单击"退出录音模式"按钮,完成声音录制。

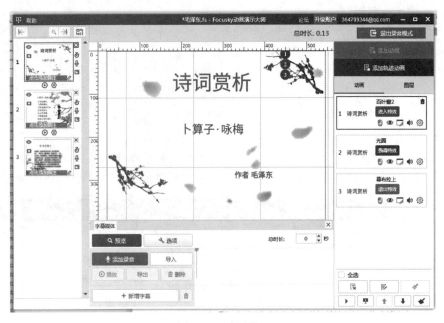

图 7-10　动画设置

图 7-11　添加声音与字幕

7. 保存发布文件

选择"文件"→"保存工程"或"另存工程为"命令，系统自动生成以.fs 为扩展名的工程文件，适用于安装了 Focusky 的计算机上对演示文稿进行编辑和修改以及演示播放。

微课文件格式大部分为.mp4 格式的视频文件，这就需要进行文件发布即"输出"操作。操作步骤如下。

(1)选择"文件"→"输出"命令或者单击常用工具栏中的"输出"按钮,弹出"输出 Focusky"对话框,如图 7-12 所示。

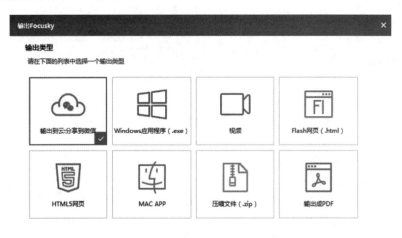

图 7-12 "输出 Focusky"对话框

(2)选择"输出类型"(如"视频"),弹出"输出成视频"对话框,如图 7-13 所示。"保存到文件"选项设置文件保存的地址;"视频大小"选择输出文件的分辨率;"路径停留时间"设置路径停留的时间;"背景音乐"添加微课背景音乐;单击"输出"按钮,发布文件为 MP4 格式。

图 7-13 输出设置

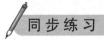

项目小结

本项目学习用"Focusky 动画演示大师"制作微课,熟悉了 Focusky 动画演示大师的基本进本操作,掌握了制作微课的基本流程和制作方法。

利用 Focusky 制作初中"等腰三角形的性质"微课。
要求:
(1) 微课要包括首页、目录页、内容页、结尾等几部分。
(2) 将微课设置为 16∶9 样式。
(3) 为微课选择适合的模板或自行设计场景。
(4) 微课要求有图形、图像、视频、音乐、角色等。
(5) 输出格式为视频(MP4)。

项目 7.2 利用录屏软件制作微课

在"微课"制作中经常利用录屏软件直接录制在计算机上授课的全过程。现在市场上录屏软件很多,本项目主要介绍使用非常广泛的"录屏大师"和 QQ"屏幕录制"两种。

- 能够利用"录屏大师"录制微课。
- 能够利用 QQ"屏幕录制"功能录制微课。

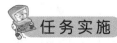

(1) 针对所选定的教学内容主题,准备教学材料和媒体素材,制作多媒体课件。
(2) 录制时同时打开录屏软件和演示文稿,授课教师带好耳麦,调整麦克风位置和音量,通过录屏软件进行录制。
(3) 录制完成的教学视频进行必要的编辑和美化。

任务实施

任务 1 利用"录屏大师"软件录制微课

"录屏大师"是一款向导型软件,是一个共享的、轻量型的、高质量屏幕录制工具,操作步骤简单。

实例 1:录制教学微课 1。

(1) 连接好麦克风后打开"录屏大师"软件,打开"屏幕录制"主界面,进入步骤 1,提示

视频讲解

"用十字光标选择想要录像的范围,默认情况下,记录全屏",打开多媒体教学课件,单击"刷新画面"按钮,如图7-14所示。

图 7-14　选择录像的范围

（2）单击"下一步"按钮,进入步骤2：配置。配置录制时的品质,捕获屏幕帧速率和是否连接麦克风。"品质"选项有"非常好""好"和"高效率压缩"三种。"屏幕捕获"选项是录屏的帧速率设置,默认是2。如果同时要录制声音,则选择"声音"选项中的"记录麦克风"复选框,如图7-15所示。

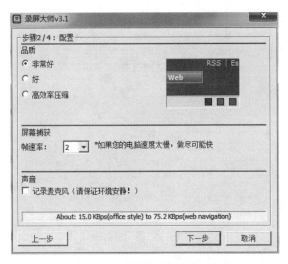

图 7-15　录屏大师配置选项

（3）单击"下一步"按钮进入步骤3：启动。直接单击"开始录制"按钮启动录制,如图7-16所示。启动录制后开始微课录制。

（4）教学过程结束,按F10键停止录制,自动进入"保存并转换为EXE"设置界面,如图7-17所示。在保存设置界面,单击"预览视频"按钮,可以实现视频预览。可以设置"视频标题""视频描述"以及"视频存放"的位置。单击"播放设置"按钮,设置播放时的比例,有"以

图 7-16　启动录制界面

最小化窗口播放"和"以 1∶1 比例开始播放"两种选择。最后单击"保存视频"按钮,则以 EXE 格式保存文件。

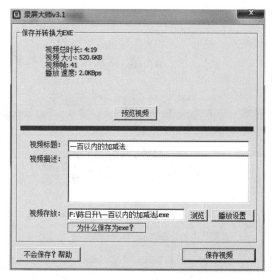

图 7-17　"保存并转换为 EXE"设置界面

任务 2　利用 QQ"屏幕录制"功能录制微课

在 QQ 的新版本中,新增加了屏幕录制功能,实现音画同步高清录制,方便快捷。

实例 2：录制教学微课 2。

(1) 登录 QQ 后,打开多媒体教学课件,并播放课件,如图 7-18 所示。

(2) 按 Ctrl+Alt+S 组合键,然后框选要录制的区域,如图 7-19 所示。

(3) 单击"开始录制"按钮,3s 后进入录制屏幕状态。

(4) 单击"结束"按钮,录制完成,自动弹出"屏幕录制预览"窗口,进行预览播放,单击窗口右下角"另存为"按钮,保存视频文件,格式为.mp4,如图 7-20 所示。

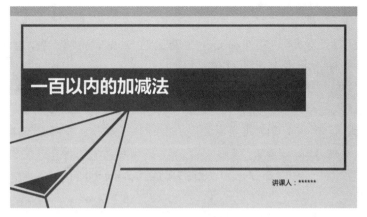

图 7-18　打开多媒体课件

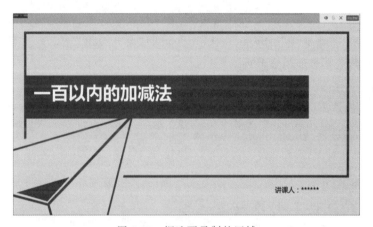

图 7-19　框选要录制的区域

图 7-20　"屏幕录制预览"窗口

项目小结

本项目介绍了"录屏大师"软件和QQ"屏幕录制"功能,帮助读者学会了利用"录屏大师"和QQ"屏幕录制"功能录制微课的方法。

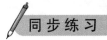

利用"录屏大师"软件或QQ"屏幕录制"功能录制"三角形全等判定"的微课。

项目7.3 实录型微课制作

实录型微课制作,通常需要借助数码相机、摄像机或手机等拍摄设备对授课者教学实况进行拍摄,并使用"爱拍剪辑"、Premiere、Camtasia和"会声会影"等视频剪辑软件进行后期编辑,以便得到效果较好的微课作品。

掌握利用拍摄设备进行微课制作的步骤。

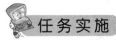

任务 利用拍摄设备制作微课

本任务以摄像机拍摄视频制作微课为例讲解实录型微课的制作方法。

1. 对教师的要求

实录型微课在遵循教学规律的同时,又与平时的课堂教学有所差别,对出镜教师有如下特殊的要求。

(1)熟知教材,准备充分。出镜教师要认真研究教材,掌握课程特点,把握知识重难点,根据"微课"时间短、内容精等特点,确定教学内容并进行教学设计,编写"微课"教案,明确教学目标,突出主要知识点或重难点,教学时长控制在5~10min。

(2)语言流畅,仪表优雅,动作规范。教师语言应生动活泼、富有感染力、声情并茂,既规范又不乏生活化,应避免背诵式授课。教师应仪表大方得体,服装长短适宜,淡妆修饰,精神饱满,增强画面美感。教师授课中应辅以手势进行讲解,避免在讲台上频繁反复走动。

2. 拍摄设备的准备

在进行正式拍摄前,准备好拍摄设备并搭建好相应的拍摄场景。拍摄设备包括摄像机、麦克风、摄影支架、背景布、补光灯等。拍摄场景的搭建应考虑补光、摄像机的摆放位置和出镜教师的站立位置。若要拍摄后对出镜教师进行抠像,背景布一般选择绿色的,那么出镜教师的衣服就不能是绿色或接近绿色。补光灯一般采用"三点布光"法,将三盏灯分别作为主体光、辅助光和轮廓光摆放到合适的角度和距离。摄像机的高度一般保持摄像机镜头与出镜教师水平视线处于同一水平高度。录音方面,若在一个相对安静的拍摄环境下,可以直接使用摄像机外接的麦克风,否则就需要使用无线或有线领夹式专业麦克风。

3. 正式拍摄

教师按照授课内容进行授课,摄像机随着内容的讲解过程,进行拉远或推进,放大或缩小人像和知识内容的显示。

4. 对拍摄视频进行后期编辑

对视频的编辑一般使用"爱拍剪辑"、Premiere、Camtasia 和"会声会影"等视频剪辑软件进行。"爱拍剪辑"软件的编辑技术在"模块一 多媒体素材的获取与处理"的"任务 3 学习视频素材的处理技术"中已经详细讲述,这里不再赘述。

项目小结

本项目讲述实录型微课的制作过程,帮助读者掌握了使用拍摄设备进行微课制作的方法。

利用手机制作"勾股定理的应用"的微课。

参 考 文 献

[1] 杨欢耸.多媒体课件制作[M].北京:电子工业出版社,2017.
[2] 蔡永华.计算机辅助教学多媒体课件设计制作与应用[M].北京:清华大学出版社,2013.
[3] 蔡永华.计算机基础与信息素养[M].北京:高等教育出版社,2019.
[4] 沈士强.多媒体课件制作[M].北京:北京师范大学出版社,2016.

图书资源支持

感谢您一直以来对清华版图书的支持和爱护。为了配合本书的使用,本书提供配套的资源,有需求的读者请扫描下方的"书圈"微信公众号二维码,在图书专区下载,也可以拨打电话或发送电子邮件咨询。

如果您在使用本书的过程中遇到了什么问题,或者有相关图书出版计划,也请您发邮件告诉我们,以便我们更好地为您服务。

我们的联系方式:

地　　址:北京市海淀区双清路学研大厦 A 座 714

邮　　编:100084

电　　话:010-83470236　010-83470237

客服邮箱:2301891038@qq.com

QQ:2301891038(请写明您的单位和姓名)

资源下载: 关注公众号"书圈"下载配套资源。

书圈

清华计算机学堂

观看课程直播